ゼロから身につく

プロジェクトを成功させる本

～はじめてのプロジェクトマネジメント～

著

前田考歩

ソーテック社

◯ はじめに

「急にプロジェクトを任されてしまって、どう進めていいかわからない」「関係者がいろんなことを好き勝手に言ってくる」「メンバーが主体的・効率的に動いてくれない」。そんな悩みはありませんか？

筆者はプロジェクトの計画立案・進行管理の相談にのる「プロジェクトクリニック」を運営している者ですが、ここにいらっしゃる人のほとんどは、プロジェクトマネジメントの経験がなく教育も受けていないのに、間もなく始まる、あるいはもう始まっているプロジェクトを任されちゃった人です。

こうした状況に置かれた方は、じっくりプロジェクトやメンバーのマネジメント知識を体系立てて学び、何度か実践をして経験を積む時間がありません。そこまで時間と労力をかけるほどじゃない、というプロジェクトも多々あります。

「自分には経験が足りないから、うまく考えることができない」「知識がないからプロジェクトを進められない」。みなさんそう思いがちですが、けっしてそんなことはありません。

なかなかプロジェクトの全体像が把握できず、見通しも持てず、不安や焦る気持ちを抱えている方々に筆者が行うことは3つです。

1つ目は筆者から相談者に問いかけること、2つ目は相談者が答えた内容をプロジェクトを進めるためのフレームワーク（「プロジェクト譜、略称「プ譜」）に落とし込んで見える化すること、3つ目は見える化した図と文字表現を一緒に見ながら対話を繰り返していくことです。

この過程で起こるのは、相談者のプロジェクトを語る言葉が、プロジェクトのテーマに関する書籍や成功事例、ネットの記事などで見聞きした「借り物」の言葉から、「自分の言葉」に変わっていくことです。

そして、フレームワークで可視化・構造化することで、「これで進めていけそう！」という手応えとともにプロジェクトの見取り図が完成します。

自分の言葉で仮説をつくりあげるという創造的な行為を経ることで、「任されてしまったプロジェクト」は「自分のプロジェクト」に変わります。さらには、それをプロジェクトメンバーや上司・顧客にも共有することで、エネルギーと納得感を与え、共通言語をもたらし、全員の目線を揃えてくれる効果をもたらしてくれます。

　筆者は相談者が取り組むプロジェクトのテーマについてのエキスパートではありません。したがって「こうすべきです」と教えることもできません。相談にのるときはいつも素人・未経験者です。この点で筆者は任されちゃった人と同じ立場です。

　問いかけることは、プロジェクトのテーマに関する知識がなくてもできます。そして、筆者が用いるフレームワークは、プロジェクト未経験者の方でもその日のうちに使いこなすことのできる学習・習得コストの低いものです。

　十分な準備期間や教育の機会を与えられなくても、本書を読みさえすれば、プロジェクトの計画を立て、発生しがちな問題を予防する進め方を身につけられるようになることを目的に書きました。

　未知のプロジェクトに取り組むことは、自分たちにとって新しい言葉を探すこと。自分たちのプロジェクトを表現するのにふさわしい言葉を探し、ちょうどいい形に組み立て、調整していくことと言うことができます。それは編集やデザイン、設計やプログラミングといった行為の源泉であり、誰しも備わっている力です。その力を引き出しやすくするための一助に、この本がなればこれ以上の幸せはありません。

　みなさんのプロジェクトがうまく進むことを、心より願っています。

前田考歩

特典付き!! プ譜の作り方動画が見れます!! →
https://youtu.be/SlY-54lXdvY

第2章 全体的で大きな
プロジェクトの進め方

第0章

プロジェクトって何？
何をすればいいの？

プロジェクトの多くは、ある日突然降ってきます。時間の余裕や経験もなく準備も練習もしていないのに、どうやってプロジェクトに取り組めば？　本章ではこのように突然初めてプロジェクトを任されてしまった方が取るべき方針と、本書の使い方や構成についてお伝えします。

#プロジェクト　#プロジェクト譜　#任されてしまった　#未知　#プロマネ　#プロジェクトのライフサイクル　#認知負荷　#問題症候群マップ　#ストーリーで学ぶ　#問いかけ　#対話　#自分の言葉で表現する　#可視化　#構造化

01 プロジェクトって そもそも何？

○ プロジェクトとは？

プロジェクトとは、毎日行うルーティンワークとは異なる**「当事者にとって未知の要素を含む活動」**のことを言います。

未知には「人類にとって未知」「会社にとって未知」「当人にとって未知」というふうに度合いの違いがあり、それぞれ以下のようなプロジェクトがあります。

- 人類にとって未知…宇宙開発・移住
- 会社にとって未知…新規事業、DX、SDGsなど
- 当人にとって未知…結婚式、出産、育児など

ルーティンワークとどう違う？

これらのプロジェクトのうち、1回やればルーティン化できるものもあれば、何回やっても未知が残り、その都度プロジェクトとして取り組まなければならないものもあります（例：新感染症対策、新薬・システム開発など）。

プロジェクトとルーティンワークには以下のような違いがあります。

プロジェクトとルーティンワークの違い

プロジェクト	ルーティンワーク
新しいことをする	同じことを繰り返す
目標が不明瞭、抽象的	目標が明確、具体的
未知の要素がある・多い	未知の要素がない・少ない
することと結果の関係が不明	することと結果の関係が明確
マニュアルがない	マニュアルがある
よく知らない人とも取り組む	よく知っている人と取り組む

PMBOKによるプロジェクトの定義

プロジェクトマネジメントに携わる人々にとっての基準とされている **PMBOK**(ピンボック)®※では、**プロジェクト**を「**独自のプロダクト、サービス、所産を創造するために実施される有期的な業務である**」と定義しています。

この定義を見ると、新規事業や新製品開発といった新しくて規模の大きな未知の仕事をイメージされる方が多いと思いますが、実際はもっと小規模で、テーマも多種多様なプロジェクトがたくさんあります。

○ 降って湧いてくるプロジェクト

世の中の流行に乗って社長や上司の鶴の一声で降りてくるプロジェクトもあれば、誰かが突然ハタと思いついて生まれた、当初の予定にはなかった仕事を「プロジェクト」と呼び、**十分な準備期間を与えられないまま、ある人にそのプロジェクトが任される**ことが多々あります。

あなたの会社にもこんなプロジェクトはありませんか?

そして、**プロジェクト**やその管理方法である**プロジェクトマネジメント**について学んだことも経験したこともない人が、プロジェクトを任されてしまっています。あなたの身の回りにもこんなことはないでしょうか。

- 人事の仕事をしていたら、「若くて部の中ではITにも詳しそうだから」と、人事評価システムのツール導入プロジェクトリーダーを任された
- リモートワークが増えてオフィスを使わなくなってきたので、たまに出社する人が交流しやすく、コミュニケーションを促進するためのオフィスづくりと引越プロジェクトを任された
- 入社後しばらく営業の仕事を任され「新規開拓の営業成績が良い」という理由で新規事業開発のプロジェクトマネージャーを任された

※PMBOK(Project Management Body of Knowledge)。アメリカに本部を持つプロジェクトマネジメント協会が発行している、プロジェクトマネジメントについての知識体系をまとめたガイドブック。

02 プロジェクトを任される人が抱える不利

○ プロジェクトは「与えられる」もの

「やったことのない仕事」というのは、毎日同じ仕事を繰り返すルーティンワークに携わっている人からすると自分の仕事の範囲外です。

未経験、未開拓の仕事を創造する役割は、経営者、役員、部署長など組織のより上位階層にあります。これは会社・組織の構造上ごく自然なことです。

会社員として取り組むプロジェクトは、**上層部が考えそこからの指令で「与えられるもの」**がほとんどです。

突然プロジェクトを与えられた場合、プロジェクト経験がある人と比べれば、知識や経験、時間的には圧倒的に不利となります。

受け身のプロジェクトに時間はない

何年もかけて入念に調査・計画をし、社運をかけて実施するようなプロジェクトは例外として、**たいていのプロジェクトには時間の余裕がありません。**

プロジェクト（Project）は

Pro	前に
ject	投げる

という前向きな語源を持つ言葉ですが、事前に変化を予測して先回りするプロアクティブなプロジェクトはあまり見かけません。

極端な例では、コロナの影響で営業の方法や出社の仕方・働き方を変えざるを得ないことや、まったく新しい競合製品の登場によって新製品を開発せざるを得なくなったという、**Reactive（受け身）の、何かが起こってから急いで対応するプロジェクト**がほとんどです。

　大規模なプロジェクトではなく、部や課、グループなどの小さな単位でも受け身のプロジェクトは生まれます。

　あるプロジェクトを進めているなかで、何かが足りていない、やった方がいいことがあるとき、プロジェクトの中に別の小さなプロジェクトが必要になることもあります。

　このように迫られて始めたり急に生まれたりする**受け身のプロジェクトには、十分な時間が与えられません。**

○ プロジェクトのライフサイクル

　準備のための時間的余裕がないのに、プロジェクトには「それまでに目標を実現あるいは問題を解決しておいてほしい」という**〆切・期限があります。**

　この〆切・期限までに使えるプロジェクトの時間をライフサイクルで分類すると下図のようになります。

プロジェクトの大きなライフサイクル・フェイズ

未知の要素
時間とお金
試行錯誤できる数
野心のサイズ

仮説・計画期	**探索・実行期**	**終結・定着期**
プロジェクトを進めるための情報を収集し、仮説・計画を立てる	立てた仮説・計画を実行・観察・評価して、仮説を更新して目標に近づけていく	完成と期限に向けて調整・折り合いをつける。完成・納品して運用を始める

問題設定と成功の定義	調査・情報収集条件確認	要素の導出条件の定義	手段の選択分担の決定	実行検証	観察、測定記録	完成納品	統括評価	運用
目標と目的の合意	事実と前提情報の合意	評価基準、測定方法の合意	選択肢責任の合意	仮説更新	形成評価			

このライフサイクルは、**右にいくほど使える時間とお金が減っていきます。**

試行錯誤できる回数も減り、「こんなことができたらいいな」という当初大きかった野心のサイズは次第に小さくなっていきます。

仮説・計画期で行うことは、プロジェクトを進めるための情報を収集し、**仮説・計画を立てる**ことです。

探索・実行期で行うことは、立てた仮説・計画を実行・観察・評価して、**仮説を更新して目標に近づけていく**こと。

終結・定着期は、完成と期限に向けて調整・折り合いをつけること。あるいは**完成・納品して運用を始める**ことです。

仮説・計画期は試行錯誤の連続だが、できるだけ短く

プロジェクトを開始する最初の仮説・計画期は、色々なことが**未知**で、始まっておらず（**未然**）、形もありません（**未形**）。

プロジェクトの内容には未経験の部分が多く、この通りやれば成功するというマニュアルも用意されていません。多くの情報を集め、試行錯誤を繰り返し間違いのない仮説を立てようとするほど、限られた期間内では成果物をつくっていく時間が減っていきます。

プロジェクトには期限があります。**仮説・計画期をできるだけ短く**して探索・実行期に移ることができれば、プロジェクトの実行や検証に取り組める時間に余裕ができます。

仮説・計画期になるだけ筋の良い仮説を立て、少ない試行錯誤で「これなら成功しそうだ」「この方向で進めて良さそうだ」という手応えを感じられる軌道に乗せていく必要があります。

筋の良い仮説とは何か？　については第6章で説明します。

● プロジェクトが難しくなる原因とは

プロジェクトに関する知識や学習には大きなコストが必要

短い時間のなかで筋の良い仮説を立てることが難しい原因は、**プロジェクトを進めるためにかかる学習コスト**です。

ロケットや橋の建造、大規模なシステム開発など、やり直しのきかない

専門的な知識や資格を要するプロジェクトには、長年蓄積されてきた**知識体系と教育プログラム**が用意されています。

組織内で継承されてきた形式知・暗黙知もあり、仮説・計画を立てるための確立された手順もあります。

前述した**PMBOK**や**PMP**（Project Management Professional）®はその代表格ですが、これらを学習し認定を取得するためには大きなコストと時間がかかります。知識は資格があるに越したことはありませんが、このコストと時間がすべての人とプロジェクトに見合うとは言えません。

プロマネとしてキャリアを積みたいわけではない人にとっては、当面の自分のプロジェクト用に間に合わせるための知識と方法を手に入れることができれば十分です。

プロジェクトマネジメントの知識や考え方は、プロジェクトを任されてしまった人だけでなく、他のメンバーにもプロジェクトを進めるための共通言語や技術を身につけてもらううえでも必要になります。

本書では、こうしたメンバーの**学習・習得コストを低くし、プロジェクトを進めるためのコミュニケーションを容易にし、共通言語を持てるようにするための方法も紹介**します。

プロジェクトは異なる価値観を持つ他者との協働作業

プロジェクトには多くの人々が関わります。

プロジェクトを与える上司や社外のクライアント、成果物を一緒につくるメンバーには、直属の部下や他部署の人もいれば、社外のベンダー企業やコンサルタント、フリーランスの専門家など様々です。

多くを語らずとも「あ・うん」の呼吸で通じ合う人もいれば、同じ会社にいても部署での仕事の進め方や評価軸が異なることで考え方がまったく異なり、話が通じにくいという人もいます。

プロジェクトには、こうした**異なる人々の動機や利害を調整し、一人一人の知恵や技術が共通の目的のために発揮されるようにしていかなければばならない**難しさがあります。

※ PMP®試験の受験資格は、大学・高校を卒業し、大卒なら直近8年間に3年以上かつ4,500時間以上、高卒なら同じく直近8年間に5年以上かつ7,500時間以上のプロジェクトマネジメント経験があることと、35時間以上の公式なプロジェクトマネジメントの研修の受講が求められます。

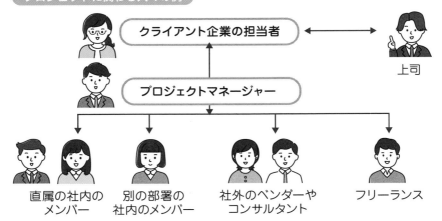

クライアント企業の担当者

上司

プロジェクトマネージャー

直属の社内の
メンバー

別の部署の
社内のメンバー

社外のベンダーや
コンサルタント

フリーランス

認知負荷が高いことで起こる問題

　メンバーとの協働の鍵を握るのが、**認知負荷**です。

　個々人が処理できる作業に必要な情報を処理する能力の容量は限られています。情報が多すぎたり、わからないことが多すぎたりすると、処理できなかったり、処理する時間や効率が落ちてしまいます。これが認知負荷です。

　プロジェクトを任された人は、プロジェクトに必要な知識と手法を理解して仮説を立てたり、上司に承認を得たり、各メンバーの業務を進めやすくしたりするために**様々な文書（ドキュメント）**をつくります。

　プロジェクトに取り組む背景、目標や解決したい課題などのゴール、タスクリストやWBS（作業分解構成図）、スケジュール表やガントチャート、予算管理表やリスクとその対策、これらをひとまとめにした計画書や、個々の業務の手順書などです。会議・ミーティングをすればアジェンダを用意したり、議事録を取ることになります。

　こうした文書は、どのように表現するかによって他のメンバーの認知負荷が変わり、理解に要する時間、理解の度合いに大きく影響します。

　文字量が多すぎて読まれなかったり、見づらい大きさやレイアウト、見出しだったり、文書・資料の量が増えること自体も負荷を高めます。

　プロジェクトの進め方を自分で説明しやすく、他者が理解しやすくする

ためにつくった文書が、かえって混乱をきたすということもあり得ます。

> **わかりづらい文書の特徴**
>
> - メールの文章自体が稚拙でわかりづらい
> - どんな理由でこの手段を採用したのかがわからない
> - 誰のどの仕事が次の別の仕事にどう影響を与えるか見えない

文章の構造、因果関係、関係性など、情報を意味あるまとまりにして表現して伝えるということはたいへん難しい作業です。

あれも伝えておいた方がいいかな・・・と思うと、情報量はどんどん増えていきます。

考えをめぐらせる範囲が狭く意図せずモレてしまう情報とは違い、プロジェクトでは**意図的に情報を省く**ことも求められます。

人間の情報処理能力にはどうしても限界がありますから、プロジェクトに関わる人がつくりやすく、わかりやすい表現形式と、ほどよい情報量にしていくことが必要です。

○ 任されてしまった人が取るべき手段とは

これらが、プロジェクトを任されてしまった人が、**ないないづくしのプロジェクトを進めていく手段**になります。

- 自分のプロジェクトに適した学習コストを低くし、プロジェクトの仮説を早く立てる
- プロジェクトメンバーが納得できる言葉を選び、筋の良い仮説を表現しやすく、わかりやすく説明して認知負荷を低くする
- それによって使える時間をつくり出し、筋よく試行錯誤できる回数を増やして、成功の手応えを感じられる軌道に乗せていく

これら3つの方法を実行できるようになるために、必要となる知識やスキルを本書では紹介します。

03 本書の設定と構成

○ ストーリーで学ぼう

　テーマも規模も異なるプロジェクトを任されてしまった読者のみなさんが、必要な技術を手に入れられるように、本書ではいくつかの工夫を施しました。

- 架空の企業のストーリーを題材に、プロジェクトの種類や規模、立場などが異なる問題の対処方法、仮説づくりや進め方のコツを解説
- プロジェクトを「自分の言葉で表現する」大切さを感じてもらうために、「問いかけ・対話」という道具を使用
- 認知負荷の低いプロジェクトの可視化・構造化ツールを使用
- プロジェクトに必要な思考法や原則をつかむためのドリルを用意

　登場するのは2つの企業です。

　1社は効率よく質の高い会議を行うことを支援する**Webサービス「kaigee（カイギー）」を開発・運営するIT企業**です。

　この企業ではWebサービス「全体」を任されてしまったプロジェクトマネージャーの他、Webサービスの見込客を獲得するためのイベント出展やメールマーケティングなど、「部分」のプロジェクトを任されてしまった現場メンバーが登場します。

　もう1社は、デジタル化を推進して会社の生産性を向上させることを目的に、「kaigee」を導入した企業です。

　この企業ではサービスを導入して目的を実現させることを任されてしま

ったプロジェクトリーダーが登場します。

　登場する人物は6名、次の図のような組織内でそれぞれの職務を持っています。

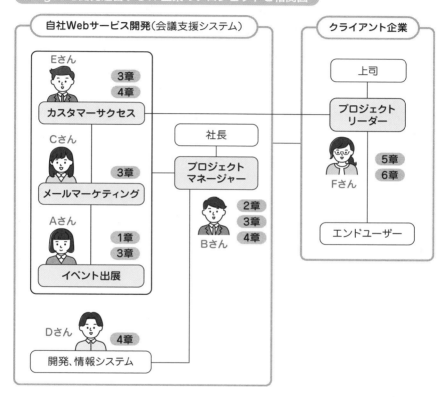

kaigeeを開発運営するIT企業のプロジェクトと相関図

自社Webサービス開発（会議支援システム）

Eさん
3章
4章
カスタマーサクセス

社長

Cさん
3章
メールマーケティング

プロジェクトマネージャー

Aさん
1章
3章
イベント出展

Bさん
2章
3章
4章

Dさん
4章
開発、情報システム

クライアント企業

上司

プロジェクトリーダー

Fさん
5章
6章

エンドユーザー

第1章から第4章は「kaigee」の運営企業が主役です。

　第1章ではWebサービス運営というプロジェクトのある部分（イベント出展）を任されてしまった人が登場します。

　全体の中の部分的なプロジェクトということで、未知の度合いは低いですが、**最低限押さえておいてほしい大事なプロジェクトを計画するステップ**をお伝えします。

　第2章はWebサービス全体の運営を任されてしまった人が登場します。

第1章に比べて関わる人も増え、プロジェクト期間も長く、未知の度合いが大きいのが特徴です。

　自分で意思決定するための方法だけでなく、メンバーに行動してもらうための指示の出し方や任せ方なども紹介します。

　第3章と第4章はプロジェクトメンバーと共に働くことをテーマにしています。プロジェクト計画の合意形成方法やプロジェクトチームづくり、他者や他部門との分業に課題を抱えている方におすすめの内容です。

　第5章と第6章は会議効率化サービスを導入した企業が主役です。

　第5章ではイベント出展やWebサービスの運営よりもずっと**「ふわっと」した目標があいまいなプロジェクト**の仮説づくりと評価指標の設定方法がテーマです。

　第6章では立てた仮説を実行し振り返りながら進めていく方法をテーマにしています。プロジェクトの進行管理や想定外への対応方法などを紹介しています。

　ふわっとした目標の仮説・計画を立てたい方は第5章から読むと良いでしょう。

04 プロジェクトの問題症候群マップ

◎ さまざま起こるプロジェクトの問題

　認知負荷によって起こる問題に加え、プロジェクトでは実に多くの様々な問題に見舞われます。

　筆者はこれまで海外子会社の経営改善、魚を使った離乳食の定期通販事業の開発、農産物のブランディング、オフィスの改修、教育制度の構築など、テーマや規模を問わず多くのプロジェクト支援を行ってきました。

　これらのプロジェクトで発生・遭遇した問題を分類・整理して可視化したものが『**プロジェクトの問題症候群マップ**』です（折り込み頁を参照）。

　このマップは**プロジェクトの問題を「病」に見立て、似た症状を「症候群」にまとめ、病が起こる原因と症状、症候群同士の関係を図にした**ものです。

　問題は単独の原因から発生しているのではなく、相互に関連し合っています。ある問題は別の問題の原因にもなり、ある問題が別の問題の症状を重くしてしまうこともあります。

　例えば、「全体を把握していない」から会議が瑣末な議論で終わってしまいます。

　「全体を把握していない」のに加え、「成功の定義があいまい」で「共通認識」もないので、**「部門間の連携」**がうまくいかなくなります。

　こうした問題が絡まり積み重なって、遅延、品質不足、予算超過といった**最終的なプロジェクトの失敗**に至ります。

　問題症候群は大きく、以下のように分けることができます。

- 経験不足による問題
- 他者と働くことによる問題
- 認知能力に関わる問題
- 未知であることによる問題
- 開始後の変化・過程における問題

○ 経験不足は当たり前

　問題症候群マップ（巻頭折り込み）の左下に位置する**「経験不足」**は、**任されてしまった人の責任ではありません**。プロジェクトとは、「やったことがない仕事」に取り組むことですから、当然プロジェクトに関する知識や経験は不足しています。

　また、最初に述べたとおり、プロジェクトを任されてしまった人の多くはプロジェクト計画や進行管理の教育・訓練を受けることがありません。

　経験不足は当たり前なので、「経験不足な自分が悪い」というふうには考えないでください。

　未知の目標を実現するための計画をつくったことがないことや、プロジェクトメンバーを率いて仕事をした経験のないことが、その他の問題を引き起こしやすくなります。

○ リーダーが生産性と士気を奪ってしまう

　中央集権症候群と抱え込み症候群は、初めてメンバーを率いて仕事をする人に出やすい症候群です。

　プロジェクトは他者との共同作業です。他のメンバーの存在なくしてプロジェクトを進めることはできません。

　しかし、「何でも自分で決めようとする」ことは、検討と意思決定に要する時間が増え、スピードを遅くします。

　さらに、**メンバーに考えさせる機会を奪い、主体性や士気を低下させ、指示待ちにさせてしまうことにつながります**。

これがメンバーの**フォロワーシップ不全症候群**です。

◯ 他者との協働が引き起こすさまざまな分断

フォロワーシップ不全症候群は、プロジェクトマネージャーやリーダーとメンバー間の分断の現れです。

プロジェクトは**部署横断型**で行うことが多くなります。**縦割り・分業症候群**には、普段一緒に仕事をする機会が少なく、**考え方や仕事の評価のされ方が異なることによる問題**が生まれます。

分断は組織の構造だけでなくコミュニケーションが不十分であることからも生まれます。議論がかみ合わない、共通認識がないのが**コミュニケーション不全症候群**です。

これら異なる種類の分断の症候群を大きなくくりでまとめたのが**アパルトヘイト症候群**です。

◯ 全体像を見失い、情報の理解・浸透を妨げる

様々な人、部署、使えるお金と時間、環境、制約など多くの要素が複雑に絡み合うプロジェクトでは全体像の把握が欠かせません。

ある懸念事項にとらわれたり、ある施策の実行方法や品質にこだわりすぎると、他の部分が疎かになります。探しものを見つけるときに、全体を見る能力が落ちるように、**部分と全体への注視・注力はトレードオフの関係**にあります。

部分にとらわれて全体像を見失ってしまうのが、**俯瞰不全症候群**です。

情報発信者は自分の発想や思考を受信者へと移し、自分の期待する行動を起こしてもらわなければなりません。

これらの情報を表現・解釈・議論・記録・伝達する手段として、会議・プロジェクトマネジメントツール・議事録・WBS・手順書など各種ドキュメントがありますが、それらを作成・更新していくのは認知負荷の高い行為です。

この認知負荷が高いことによって情報のヌケ・モレ・ズレ・ソゴが起こるのが**情報コスト高症候群**です。

◎ あいまいな基準、言葉の意味の不一致が問題の元凶

あいまいさは、成功の定義や判断基準、視程・範囲が明確に規定できていない状況を意味します。

多義性は、1つのものごとに対し複数の解釈が存在することを意味します。目標はあるのに「それがどうなったら成功と言えるか？」という成功の定義を決めていない、あるいは決められていないと、目標と目標実現のために行う行動の不一致、不整合が起きます。

そして認識の食い違いが起き、成果物をつくる過程で「思っていたのと違う」という認識が生まれ、手戻りを生み時間を浪費してしまいます。

判断基準のあいまいさは、意思決定のスピードを遅らせます。

あいまい・多義性症候群はプロジェクト経験不足と並んでその他の問題を生む原因になります。

◎ 問題が積み重なって起こる追加、やり直し、変更

コスト超過・遅延・品質不足など**「プロジェクトの死」に至る手前の症状**は、そこに至るまでのあいまいな計画や分断されたチームによって引き起こされています。

- ツール導入の担当者が現場の生の声を聞いていないために、あとから必要な機能がわかってしまった
- 品質の基準を共有しておらず、できあがりに満足いかない。これで満足していいのかわからず、何度もやり直しを命じてしまう
- 成功の定義とあるべき状態の優先順位がついていない。途中で思いついたものを追加して、取捨選択できていない

これらが「**後天性蛇足・転変症候群**」の症状です。

症状のほとんどは自分が蒔いた種によるものです。ただし当初の計画から変更することが絶対悪ということではありません。

未知のプロジェクトでは、計画の変更はつきものです。どのような変更を受け容れ、残された資源で全体のバランスを整えるのかが問われます。

05 本書で使用する道具

◉ 本書で使用する道具その1 「問いかけ・対話」

　本書では、**任されてしまった人の相談を受けるカウンセラー**が登場します。カウンセラーは各プロジェクトの専門家ではありません。そのテーマ・業界についての基礎知識やノウハウ、トレンド情報といった専門知識は持っていません。

　プロジェクトの計画や進行の知識は伝えることができますが、任されてしまった人に対して「そのソフトウェアはこう使うんですよ」と教えたり、「この手段を採用しなさい」という指示は出さない存在です。

　そんなカウンセラーが用いる道具が**「問いかけ」**です。

　未知のプロジェクトの仮説を立て、それを他者と共に進めるうえでは、**「自分の言葉」でプロジェクトを語れるようになることが重要**です。

　しかし、初めてのプロジェクトに対して最初から自分の言葉を持っている人はほとんどいません。

　そこで、カウンセラーが任されてしまった人に対して問いかけて、本人が自分で考えることを促し、そこから返ってきた言葉とその後に続く対話を可視化・構造化していきます。

　この対話パートでの問いかけ方をヒントに、ご自身のプロジェクトの言語化を試みてください。

◉ 本書で使用する道具その2 「可視化・構造化」

　「可視化・構造化」は、自分のプロジェクトの言葉を見つけていくプロセスとセットで行います。

　自分の言葉を見つけたとしても、それがまとまりなくバラバラなままでは、**「これなら成功しそうだ」という手応え**を得ることはできません。

手応えを得るには、目標から逆算しつつ、与えられている条件や置かれている環境も考慮し、プロジェクトに関わる諸要素の因果関係を整理して、一目で**全体像と要点をつかみ取れるようにする**必要があります。

　そうすれば、問題が起きたときにも、問題の所在や原因がわかりやすくなります。

　そこで用いるのが「**プロジェクト譜**」（以後、「プ譜」と略します）です。

○ 言語化と構造化を助ける「プ譜」

　プロジェクト譜（プ譜）とは一言でいえば、**プロジェクトの言語化と構造化を助ける道具です。**

　プロジェクトの目標と要素の関係性、状況と過程などを１枚で可視化します。１枚で可視化することで、俯瞰的に眺め、全体像を把握することを容易にし、プロジェクトに関わる文書の作成・説明・理解に要する認知負荷を低くします。

プ譜の要素と構造

　プ譜は次の図のように５つの要素で構成されています（水色の枠）。

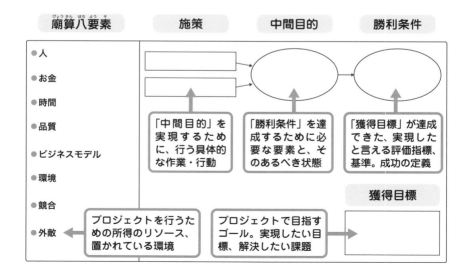

プ譜は2018年に考案し世に出て以来、様々なテーマや規模のプロジェクトで利用されています。

シンプルなフレームワークで汎用性が高く、テーマはもちろん、プロジェクトマネジメント経験がまったくなくても使うことができます。学校教育の現場では中学生から使用されています。

同じ構造の図を眺める人が、みな同じようなとらえ方をするとは限りません。プロジェクトの計画を書いて説明する人と、それを聞いて理解する人が同じ図的表現の構造を活用して意思の疎通を図るためには、用いる図の共有を前提としたトレーニングが必要ですが、プ譜は中学生でも使いこなせていることから、非常に**学習コストが低い**です。

◯ ドリルで練習する

プ譜がプロジェクトの構造を表現できるという特徴を活かし、本書では**プロジェクトの原理や勘所を疑似的に体験するドリル**が度々登場します。

架空の2つの企業とは別に、実際のビジネス事例や漫画、歴史、スポーツなど様々なジャンルから題材を選んでいます。

本書ではプ譜を用いた練習問題を「**プロジェクトドリル（ドリル）**」と呼びます。

任されたプロジェクトに着手する前に、練習用のプロジェクトに取り組むということはほとんどできないので、事前トレーニングとして取り組んでみてください。

◯ 問いかけリストとプ譜を用いて見取り図をつくる

プ譜はシンプルな構成ですが、決められた枠に情報を入れていけば良い計画ができあがるわけではありません。

まちがった情報や自分のプロジェクトに相応しくない表現をしてしまっては成功する見込みはありません。そこで「**問いかけと対話**」が必要になります。

問診表を一問一答形式で埋めていくのとは異なり、本書では「問いかけ」た後に「対話」が続きます。

問いかけの答えに対しその意味をたずねたり、異なる視点から再び問い

かけたりすることで、あいまいな意味がはっきりしたり、こだわっていたポイントが実はそうでもないことに気づくといったことが起きます。

　思考が整理され、どんどん具体的になっていきます。本書ではその過程を対話形式で記述することで、読者のみなさんが自分自身に問いかけるときの参考にできるようにしています。

　そして、紡ぎ出した言葉をプ譜に落とし込んで1枚で可視化・構造化することで、複雑なプロジェクトもかなりの程度まで効率的に圧縮し、俯瞰して眺められるようにすることで、認知負荷を低くしてプロジェクトの全体像と要点をつかみ取ることができるようになります。

　読者のみなさんには、本書に登場するカウンセラーをご自身の頭の中に置く「もう一人の自分」と思って読み進めることをお勧めします。

　カウンセラーが本書で用いる問いかけは、巻末の「問いかけリスト」に収録しています。また、プ譜のフォーマットもパワーポイントでダウンロードできるようにしています。

　本書を読み終わったあとに（あるいは読みながら）、自身のプロジェクトを対象に、頭の中にカウンセラーを置いて問いかけてみて、自分自身と対話しながらプ譜に書き起こしていくと、より良いプロジェクトの仮説を立て、「これならうまくいきそうだ」という手応えを得られるようになっているはずです。

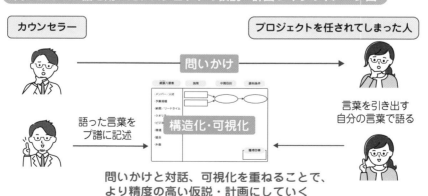

問いかけと対話、可視化を重ねることで、
より精度の高い仮説・計画にしていく

第1章

はじめて任された
小さなプロジェクト

ある日突然、任されてしまったプロジェクト。
プロジェクトマネジメントなんて経験のない自分がなんで？
自分が選ばれた訳を確かめるヒマもなく、期日と目標だけが
ポンと渡されて途方に暮れてしまった。
この章では、未経験でいきなりプロジェクトを任されてしま
った人が、計画を立てるうえで、「これさえ押さえておけば大
丈夫」という、プロジェクトの計画の基本をお伝えします。

#仮説・計画期　#部分のプロジェクト　#あいまい・多義性症候群　#情
報コスト高症候群　#成功の定義　#目的と手段　#無限定と限定　#定性
と定量　#順序変数　#取捨選択　#スケジュール作成

01 取り上げるプロジェクトの特徴と登場人物

○ 小さなプロジェクトの特徴

　この章で扱うのは、プロジェクトを任されたばかりの**仮説・計画期の**「**小さなプロジェクト**」です。

　プロジェクトは、その組織内で役割に応じた様々な仕事の集合からできています。例えば、Webサービス開発という大きなプロジェクトの中には、イベントへの出展・メールマーケティングなど小さなプロジェクトがいくつもあります。

　一つ一つの部分を構成する小さなプロジェクトは一見、ルーティンワークのように見えます。

　しかし、社内事例と少し内容が異なっていたり、状況や条件が違って過去の経験が活かせない状態であれば、小さなプロジェクトはルーティンワークでなくプロジェクトの定義にあてはまります。

　小さなプロジェクトの担当者の悩みは次のようなことです。

- 与えられている時間が短い
- 目標だけがポンと渡される
- 人数に余裕がなく、ひとりで計画を立てなくてはならない
- 計画を上司に説明したり、関係者に指示を出さなければならない

　小さなプロジェクトに取り組む方法を解説する題材として、「**イベント出展**」を選びました。

　具体的なプロジェクトのテーマは、「**自社開発しているWebサービスの、見込客を獲得するためのビジネスイベント（展示会）への出展**」です。

自社のWebサービスを運営していくうえで、見込客を獲得しアポイントを取り、商談を行ってサービス導入までを行う**大きなプロジェクトの一部分を任されているという設定**です。

登場人物とプロジェクトの関係

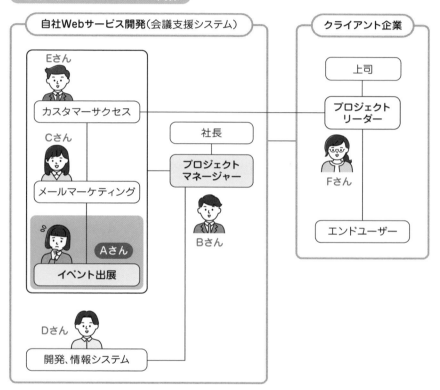

今回の登場人物

新卒2年目でもともと広報部に配属されていましたが、自社サービスのプロジェクトチームにアサインされました。イベント出展を任されてしまった理由は、趣味でコミケやデザイナーズマーケットなどの展示会を回るのが好きということをプロマネに知られてしまったからで、企業の展示会出展は未経験です。

02 取り上げる症状や原因、その予防と解決策

主な症状と原因

- 手段が目的化してしまう（俯瞰不全症候群）
  - 全体のプロジェクトの中での部分のプロジェクトの位置付けをわかっていない。教えられていない
  - 十分な時間・経験・知識がない状態で、手段を実行するためだけの親切丁寧でわかりやすいマニュアルが用意されている
- 必要な作業をすべて洗い出せているか不安になる（あいまい・多義性症候群）
  - 何を選び、捨て、どこまでやればいいかわからない
  - 選択や過不足を判断する基準がない。基準を持っていない
- 作業をスケジュールに落とし込めない（プロジェクト経験不足）
  - 何から始めればいいかがわかっていない。何から始めたら次のことができるのかが整理できていない
  - 関係する他者にわかりやすく説明できない（情報コスト高症候群）
  - 説明するための資料が多すぎる。複雑になってしまう
  - 説明を聞く人の時間的余裕がない

予防策・対策

- 任されてしまったプロジェクトが「どうなったら成功か？」を定義する
- 必要な要素と状態を決めてから、具体的な手段を決める
- 与えられている条件から実行可能な手段を選ぶ
- 1枚で、目標から逆算して説明する

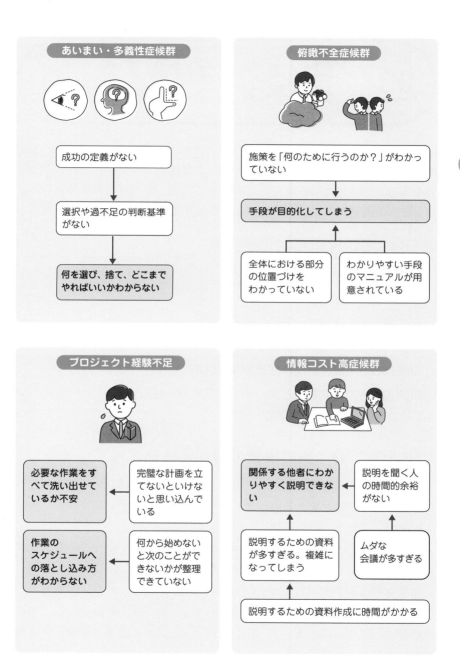

あいまい・多義性症候群

成功の定義がない

↓

選択や過不足の判断基準がない

↓

何を選び、捨て、どこまでやればいいかわからない

俯瞰不全症候群

施策を「何のために行うのか？」がわかっていない

↓

手段が目的化してしまう

全体における部分の位置づけをわかっていない

わかりやすい手段のマニュアルが用意されている

プロジェクト経験不足

必要な作業をすべて洗い出せているか不安

完璧な計画を立てないといけないと思い込んでいる

作業のスケジュールへの落とし込み方がわからない

何から始めないと次のことができないかが整理できていない

情報コスト高症候群

関係する他者にわかりやすく説明できない

説明を聞く人の時間的余裕がない

説明するための資料が多すぎる。複雑になってしまう

ムダな会議が多すぎる

説明するための資料作成に時間がかかる

03 プロジェクトを計画する ための基本

　このステップは、プロジェクトの種類や規模を問わず、普遍的に通用するものです。本章ではＡさんの「展示会に出展して見込客を獲得する」プロジェクトを題材に、**プロジェクトを計画するステップ**を解説します。

プロジェクトを計画するためのステップ

❶ 獲得目標の勝利条件を定義する

❷ 中間目的を定義する

❸ 中間目的を実現するための施策を探す

❹ 施策の実現可能性を検討する

❺ 中間目的と廟算八要素から施策を選ぶ

❻ 実現すべき中間目的と実行する施策の順序を決める

○ ステップ❶：獲得目標の勝利条件を定義する

　プロジェクトには与えられる目標（獲得目標）とは別に、「**それがどうなっていたら成功と言えるのか？**」という成功の定義が必要です。

　本書ではこれを「**勝利条件**」と呼びます。

　獲得目標は一つですが、勝利条件は複数存在し得ます。その表現次第で、プロジェクトの進め方はガラリと変わります。

　イベント出展を例にとると、「○○に出展して○○人の見込客を獲得している」を獲得目標とするなら、勝利条件には、「来場者の製品に対する関心が○○になっている」「来場者から○○に関する課題や要望を聞き出している」などの表現が考えられます。

　プロジェクトでは多くの場合、獲得目標はあるものの、勝利条件があい

まいだったり、そもそも考えていないということがままあります。勝利条件はプロジェクトの方針を左右する重要なものです。勝利条件の設定方法や機能については3節で解説します。

○ ステップ❷：中間目的を定義する

中間目的は、**「要素と状態」で構成**されています。

- **要素**
  プロジェクトを構成する（成り立たせている）有形無形のモノやコト
- **状態**
  それらの要素が「どうなっているべきか？」「どんな状態になっていれば、勝利条件を実現するか？」というもの

状態を書くときの基本ルールが2つあります。

- 「〜になっている」という状態を「未来完了時制」で書く
- 動詞で書かない

状態の定義が中間目的を設定する際の肝です。

中間目的には、「最低限この要素は押さえておかなければいけない」という前もって設定されたもののようなものがあります。

例えば、ものづくりなら「デザイン」「機能」「安全性」「耐久性」などです。このようなプリセットは、他社事例や書籍などから集めることができます。

共通のプリセットがありますが、**自社と他社では状態の表現が異なる**こともあり、自分のプロジェクトに合わせた表現が必要です。

これについては4節で詳しく解説します。

○ ステップ❸：中間目的を実現するための施策を探す

施策は中間目的を実現するための施策、具体的な行動や作業のことをいいます。

プ譜ではそれぞれの中間目的にひもづけるように書きます。施策を書くときのルールは2つあります。

- 手段を実行するので、「〜する」など動詞で書く
- ある状態を実現するための選択肢をできるだけ増やす

○ ステップ❹：施策の実現可能性を検討する

施策を書き出したら、「それらが"すべて"行えるのか？」「1つの施策を"どの程度"まで行えるのか？」といった、**実施可能性（feasibility）**を確認します。

実施可能性は、プロジェクトに与えられた人手やその人の技術・知識、時間やお金などの条件や置かれている環境、言い換えれば**制約の影響を受けます。**

これを無視して施策を実行すると、想定よりもその施策の実行に時間やお金がかかってしまい、他の施策に使える時間やお金が足りなくなってしまった……ということが起きてしまいます。

要は、「身の丈に合った手段を採用せよ」ということです。

プロジェクトの仮説・計画時は気が大きくなりがちで、リスクを過小評価し、甘い見積りになることがよくあります。

これについては、5節で詳しく解説します。

○ ステップ❺：中間目的と廟算八要素から施策を選ぶ

施策は中間目的から考えるルートと、制約から考えるルートの双方から検討することで、モレ・ヌケの確認はもちろん、しなくていいことの除外など、より確かで実施可能性の高い計画にすることができます。これについては、6節で詳しく解説します。

○ ステップ❻：中間目的と施策の順序を決める

　1つのプロジェクトで、中間目的はいくつも出てきます。そのため、どの中間目的から実現するのか？　実現するための施策はどれから実行するのか？　を以下の2つの基準で判断します。

- 重要度
- 中間目的の前後関係

　まずは、**プロジェクトにとっての重要度**で分けます。重要度の高いものがわかれば、そこにリソース（人・お金）を多く割りふったり、早く取り組んだり時間をかけたりすべきかどうかを判断できます。

　もう一つ、中間目的の前後関係についても考えます。

　例えば、イベントで多くの見込客を集めたいのであれば、製品のデモ体験コーナーやノベルティのデザイン等をいくら頑張っても、それ以前の要素である展示ブースへの人を呼び込む設営や仕掛けができていないければ、後ろの要素にかけたコストや頑張りが無駄になってしまいます。

　このように、ある中間目的の状態が実現できていなければ次の中間目的の状態を実現できないものや、次の中間目的の作業に取り掛かれないものがないのかを整理・確認していきます。

　これについては、7節で詳しく解説します。

04 獲得目標の勝利条件を定義する

◯ 勝利条件があいまいだと、手段の目的化が起こる

　Aさんにとって初めてのイベント出展の仕事です。

　一人でできるか不安でしたが、展示会主催社が提供する出展マニュアルや他のビジネスイベントを視察して得た情報を参考に、ポスター作成やブースの設営手配など、出展のための諸作業をどうにか進めています。

　このまま進めていけば、「イベントに出展する」ことはできそうですが、**Aさんは本来の目的である「見込客を獲得する」ことができるか自信が持てない**ようです。

　「イベントに出展する」だけでも初めて取り組む人にとってはひと仕事ですが、**出展はあくまで「見込客獲得」の手段**です。

　初めて任されるプロジェクトでは、手段の仕事を行うのに精いっぱいになってしまい、**手段の目的化**が起こります。

　経験のない仕事をポンと任され、与えられた準備の時間も短いとき、私たちは何から考え、手をつけていいかわからなくなります。

　そんなところに、丁寧でわかりやすい手段のマニュアルがあると、それを実行することに集中してしまい、手段の目的化が起きやすくなります。

　手段の目的化がよくないのは、そのプロジェクトを実行することで「**本当に得たい真の成果**」が手に入らなくなることです。

　投じた時間や労力から最低限の成果しか得られない、ひどいときにはやらない方がよかったという結果に陥ることもあります。

　イベントには他にも多くの企業が出展しています。来場者は丁寧に1つひとつのブースを訪ね、展示物の説明をじっくり聞いてくれるわけではありません。

　このような状況で自社ブースに人を呼び込み、自社製品に興味関心を持

ってもらうようにするには、ただ出展するだけでは不十分です。

　ブースに立ち寄ってもらうだけでも、以下のようにより多くのことを考えなければいけなくなります。

- 他社のブースよりも派手に目立たせればいいのか？
- ブースの前の呼び込みの人を多く配備すればいいのか？
- ブースに立つ人の格好や見た目はどうすればいいか？
- 何かしらのノベルティやインセンティブを用意した方がいいのか？

手段の目的化を防ぐには認知負荷を減らすこと

　出展までの期日も迫る一方、使えるお金やブースの広さなどの制約のもとで、目標を実現するために考える情報の量（範囲や種類）が増えてしまうと、考える・判断することがうまくできなくなる**認知負荷**が高まります。

　認知負荷が高まると、判断が遅くなったり、誤った方向に考えを進めてしまうといった問題が起きます。**手段の目的化**もその１つです。

　認知負荷を高めるのは情報量だけではありません。

　他の企業がどんなブースで出展するのか？　来場者がブースでどのような行動をとるのか？　といった、情報の「あいまいさ」によっても認知負荷は高まります。

　認知負荷を減らすためには、与えられたプロジェクトの目標だけでなく、「プロジェクトがどうなっていたら成功といえるか？」という勝利条件を定義して、考える範囲や量を減らす必要があります。

　Ａさんの獲得目標は「イベントに出展して300人の見込客を獲得する」です。

　300という数値は一見、具体的な目標のように見えます。実際、数値で表現できる定量指標は考える範囲を狭めてくれますが、それだけでは手段の目的化を防ぎ、本当に望む結果を得るには不十分です。

定量指標だけだと手段の目的化が悪化し、
望まない結果を招く可能性が高まる

　例えば、企業がSNSを始めたので、**フォロワー数を10万人にしたい**
という定量指標を立てるとします。

　そうすると、その目標を達成するために、「アカウントのフォローをし
てくれたら、抽選で何名様にプレゼント」という施策が手っ取り早く目標
を実現してくれる手段になります。

　しかし、このような施策＝プレゼント目当てのフォロワーを10万人集
めても、この10万人は企業アカウントが投稿したコンテンツに「いいね」
や「シェア」をしてくれることはほとんどありません。

　こうしたフォロワーを10万人集めることが、そのプロジェクトで本当
に実現したかったことなのでしょうか？

　Aさんの見込客獲得数300人でも同じことがいえます。飲み物やグッ
ズなどのノベルティを用意して、名刺と引き換えに渡すという光景をよく
見かけますが、そうして獲得した300人でよいのか？　ということを問
う必要があります。

◯ 定性的な勝利条件を言語化する

　勝利条件は、獲得目標が成功したかどうかの判断基準・評価指標のこと
で、定量的にも定性的にも表現できます。

　定性指標とは、数値化できない・しづらい評価指標のことを言います。
定性的に表現することで、定量指標だけでは見失ったりこぼれ落ちたりす
る本来の目的をより具体的に表現し、意識できるようになります。

　Aさんの目標には300人という定量指標が既に入っているので、「どん
な300人の見込客を獲得できていれば成功と言えるのか？」「ブースの来
場前後で見込客にどんな変化が起きていれば成功と言えるか？」といっ
た、定性的な見込客の状態について問いかけていきましょう。

　まずは、「どんな300人の名刺を集めれば成功かと言えるか？」という
ことをAさんに問いかけてみます。

300人の見込客は、どんな300人だったら成功といえるでしょうか？

 どんな300人……、ですか？

はい。ブースに来て名刺交換してくれるということは、ある程度Aさんの会社の製品に興味はあると思います。ただ、その興味のや製品を必要とする度合いは人によって異なりませんか？

 たしかに……。

　Aさんに直接的に「どんな300人であれば成功か？」と問うだけでは**定性的な表現**が出しづらいようなので、問いかけ方を変えてみます。

　このプロジェクトでは、集めた見込客に対して営業をしていく予定です。そのときに、どうなっていたらいいかに注目して定性指標を探していきます。

異なる視点から問いかける

　定量的な表現に比べ、定性的な表現がすぐにバシッと決まることはあまりありません。

　そのため、問答を通じてプ譜に書き出した言葉をながめながら、異なる問いかけを用いたり、類義語などで言い換えてみたりして、プロジェクトを任されてしまった人が手応えを感じることのできる、しっくりくる勝利条件の表現を探す必要があります（P43「勝利条件の考え方」の図を参照してください）。

　これは一見遠回りのように思えますが、より良い計画づくりには必要な過程です。

Aさんが担当する展示会出展のプロジェクトで集めた300人の見込客は、その後、誰のどんな仕事に引き継がれるでしょうか？

集めた名刺に電話をかけたりメールを送ったりする予定です。誰がその仕事をするかはまだ決まっていないです。

 電話やメールをするときの目標は何になりますか？

アポイントを取ったり、見込客の事情などをヒアリングすることでしょうか。その後で製品の紹介や提案ができればいいと思います。

 見込客を獲得するだけなく、その後のアポイント獲得や提案などにつなげていく必要があるんですね。その仕事をするとき、どんな状態であれば、アポが取りやすそうでしょうか？

そうですね……、製品について良いイメージを持っていたり、電話をかけたときに「あぁ！　あのときのアレか！」とすぐ思い出していただいたりすると、話がしやすそうです。

 話のしやすさというのは大事そうですね。逆にこういう状態だとアポが取りにくいというものはありますか？

製品名を出しても思い出せないとか、製品名を出してもネガティブなイメージを持たれていると、まったくダメだと思います。

勝利条件の考え方

見込客が製品について
良いイメージを持っている

勝利条件

製品名を名乗ったとき
すぐに思い出している

ネガティブなイメージを
持っていない

まだ抽象的ですね
質問を変えてみましょう

獲得目標

別の言葉で表現
できないか考えてみます

展示会に出展して
300人の見込客を
獲得する

Aさんの会社としては、どんな状況に置かれている見込客を獲得したいでしょうか?

理想は今すぐ製品を導入してくれる人が300人ですが、そんなことはまずないと思います(笑)

それは、今すぐ導入してくれそうな人もいれば、今後導入するかもしれない人が入り混じるということになると思うのですが、それは受け入れられますか?

それが現実的だと思います。

そうすると、Aさんはそうした異なる状況の方々にとって、どんな存在でありたいですか?

課題は感じていても予算がないので今は導入できないとか、情報収集レベルでも、普段の仕事の中で「会議が非効率だ」と感じたときに思い出してもらえる存在でありたいです。

対話の過程で、「普段の仕事の中で、会議が非効率だと感じたときに思い出してもらえる存在でありたい」という表現がＡさんには最も手応えを感じられるものでした。

　そこでこの**定性指標を未来完了形**にして、「**普段の仕事の中で、会議が非効率だと感じたときに思い出してもらっている**」としました。

　このように勝利条件を設定することで、「ただ出展すればいい」という手段の目的化を防ぐことができます。さらに、プロジェクトを通じて望ましい結果を得るための計画を立てることができるようになります。

> ☑ Point　勝利条件の原則
>
> 定量指標しかなければ、定性指標を加える
> 勝利条件は未来完了形で書く
> 定性指標しかなければ、定量指標を加える

実際に自分で勝利条件を考えるときの方法

　ここで、みなさんが実際に勝利条件を紙やディスプレイに書き出すときの方法を紹介しておきましょう。

　プ譜の勝利条件の枠の周りにキーワードを書き出していきます。

　頭の中で言葉を組み立てるのではなく、一度文字にして外に書き出してください。

　書き出した言葉を目で見て、手で異なる言葉に組み換えてみることで、新しい言葉や自分の勝利条件にしっくりくる言葉が探しやすく・生まれやすくなります。

　プ譜に勝利条件を書き出すときは**未来完了形**を使って書きます。

　Ａさんのプロジェクトであれば、今から先の未来に自分を置いて、見込客に電話をかけたときの状態を書きます。

　書き方としては、「見込客が製品について良いイメージを持っ・て・い・る」や「製品名を名乗ったとき、すぐに思い出し・て・い・る」といった表現となります。

◉ なぜ勝利条件を決める必要があるのか

　人は、何もかもが決まっていない、あいまいな状態だとあれもこれもと考えを巡らせてしまいます。実行しなければいけない作業も膨大になってしまいます。このように考えや行動の範囲が広く膨大になってしまう状態を「**無限定**」と言います。

　私たちに無限の時間と体力とお金があれば、無限定でもいつか目標を実現できるかもしれませんが、そんなことは不可能です。

　そこで、無限定な状態を**限定**することが必要になるのですが、勝利条件にはこの限定する機能があります。このことをサッカーを使ったドリルで学びましょう。

◉ ドリル：サッカーの試合に勝利せよ

　みなさんはサッカーの新人監督です。ある田舎町に新設されたサッカークラブに監督として雇われました。

　クラブのオーナーは戦術などに詳しくなく、ただただサッカーが大好きで、自分のチームが勝つことを願っています。資金や戦力にも乏しいオーナーの監督に対する依頼は、「とにかく試合に勝ってほしい」だけです。

　みなさんは、新設されたチームを率いて試合に勝つというプロジェクトを任されてしまったわけです。

　これをプ譜で表現すると、獲得目標に「試合に勝つ」だけが入っている状態です。この状態からみなさんは試合に勝つプロジェクトの計画を立てる必要があるわけですが、試合に勝つためにみなさんはどのようなことを考えるでしょうか？

考えることの例

- どんな戦術を採用するか？　フォーメーションにするか？
- スタメンは誰を選ぶか？　誰と誰を組み合わせるといいか？
- 対戦相手はどのように攻めてくる？　どのように守ってくる？
- 試合前にどのような練習メニューを組むか？　など

「勝利条件」が無限定を限定してくれる

「試合に勝つ」だけでは、考えなければいけないことや練習しておかなければいけないことが膨大です。

この無限定状態を限定するのが勝利条件です。

みなさんならどのように勝利条件を設定するでしょうか？

設定のコツは、「どのように勝てていたらオーナーやファンが喜ぶか？」「どのように勝てていたら選手やチームの成長につながるか？」などと様々な角度から問いかけてみることです。

一つの回答例として「美しく勝利している」という表現を入れてみます。この言葉は伝説的なサッカー選手・監督であったヨハン・クライフが残したものです。

クライフは「チケットを買って観に来てくれているサポーターが、楽しめて盛り上がる攻撃的なサッカーをしよう」という信条を持っていました。クライフにとって「美しい勝利」とは、自分たちが主導権を握り、人よりもボールがよく動き、後方からパスをつないでいき、前へ勇気を持って進み、選手間でポジションチェンジを繰り返していくことにより、流動的で多彩な攻撃を仕掛けてゴールを挙げる、そんなサッカーでした。

また、「私は1-0よりも、5-4で勝つことを望む」という言葉も残しています。5-4で勝つことを狙って行うのは難しいので、「相手よりも多く点を取っている」という表現に変えて、「美しく勝利せよ」に加えたものを勝利条件に記入します。

そうすると、「美しく勝利する」「点を取られるというリスクを冒しても、たくさん点を取って勝つ」ための戦術やフォーメーション、起用する選手などを決める基準ができます。

勝利条件を設定することで、これまで無限定だった状態を限定できるようになるのです。

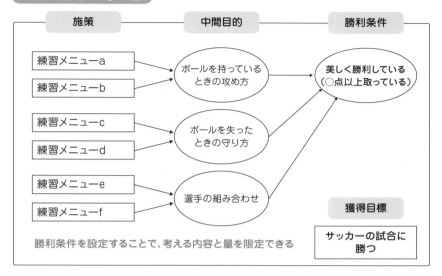

「美しく勝利する」プ譜

| 施策 | 中間目的 | 勝利条件 |

- 練習メニューa
- 練習メニューb
→ ボールを持っているときの攻め方

- 練習メニューc
- 練習メニューd
→ ボールを失ったときの守り方

- 練習メニューe
- 練習メニューf
→ 選手の組み合わせ

美しく勝利している（○点以上取っている）

獲得目標

サッカーの試合に勝つ

勝利条件を設定することで、考える内容と量を限定できる

　勝利条件を表現することは、「あいまいとした目標を言語化する行為」です。具体的に**言語化する**ことで、当初の獲得目標しかない無限定の状態よりも、最初から考えなくていいことは選択肢から外すことができます。

　考える範囲や種類が減れば、より低い認知負荷で済ませることができます。**これが「限定」することの意味であり、勝利条件の機能です。**

　限定の機能がより良く使われるように覚えてほしい原則があります。

- 原則1：**勝利の条件によって、計画はガラリと変わる**

　例では、「美しく勝利せよ」を挙げましたが、人によっては「美しくなくていいから1点先取すればあとは泥臭く守り抜いて勝った方がいい」という勝利条件を掲げる人もいます。

　「美しく勝利せよ」と「泥臭く勝利せよ」では、戦術・フォーメーション・起用する選手は大きく変わります。

- 原則2：**2つ以上の勝利条件を併存させない**

サッカーは対戦相手あってのスポーツで、攻撃をしていたらボールを奪われてすぐ守備に回らなければならないといった、短い時間で攻守が目まぐるしく変わるフィードバックループの非常に速いスポーツです。

　勝利条件は局面に応じて頻繁に変えざるを得なくなりますが、一般的な企業のプロジェクトではそこまで頻繁に状況が変わることはありません。

　頻繁に勝利条件に伴う計画の変更で、人員や機械を入れ替えたりなどは、リソースが潤沢でない限り不可能です。

　そのため、複数の勝利条件を同時に実現することはできず、1つを選ぶ必要があります。

• 原則3：状況によって勝利条件は変わる

　プロジェクトを取り巻く環境や社内の事情は変化します。その変化の内容によっては勝利条件を変えざるを得ないときもあります。

　また、最初に立てた計画が現実に合っていない場合にも、勝利条件を変えなければいけないことがあります。

　このプロジェクトドリルでは、「こう勝ちたい」という監督の願いや好み、こだわりが勝利条件に反映されますが、いきなり任された初めて取り組むプロジェクトとなると、そもそも願いもこだわりも持っていないことの方が多いでしょう。

　それゆえ、「あなたのプロジェクトの勝利条件は何ですか？」と、テンプレートや問診票のように質問されて答えても、それが本当に正しいかどうかわからない場合、問いかけと対話を通じて「これが実現したい勝利条件だ！」と思える勝利条件を見つけていく必要があります。

05. 中間目的を定義する

○ 思いつく施策を直接目標に結びつけない

プロジェクトを任された人の多くは、最初に獲得目標を実現するためのタスクリストやスケジュール表を作成します。

少しでも不確かさや不安を解消しようと、良さそうな施策を見聞きしたり思いついたりしたら、どんどんリストに追記していきます。

しかし、このやり方ではどれだけリストが増えても、「これで出しきった！」と安心できるときが訪れることはありません。

このような症状が起こる原因は、**施策を「遠い」目標に直接結びつけようとする**ことで起こります。

施策を直接目標に結びつけてしまうと、その施策が目標の実現に本当に効果があるのか、影響を与えるのかがわからなくなります。

実現に効果のない施策を行うことは時間とお金のムダになってしまうので、このような施策は最初から除外しておきたいところです。

プロジェクトの目標実現のために、行う意味や価値のある施策を選別する必要があるということを、プロジェクトドリルで実感してみましょう。

○ ドリル：子どもに東西南北を覚えさせる

みなさんは在宅学習をしている小学2年生の保護者です。「3日で東西南北を教科書を見て覚えさせてほしい」と、メールが送られてきました。

成功を定義すること＝勝利条件の大切さを知ったみなさんは、勝利条件を考えることから始めるかもしれませんが、このドリルでは、**目標を実現するための施策を考えること**から始めてください。

期限も決まっている中、どのような施策を考えつくでしょうか？

「方位磁石を用いる」や「外に出て太陽の位置や影の動きを見る」、「地

図を見る」といった施策が出てくるのではないかと思います。

　このドリルはコロナウイルスの影響で全国の学校が休校したとき、筆者が実際に経験したものです。

　学校から丸投げされたと感じた私は、「東西南北を覚えさせりゃいいんでしょ。だったら東西南北と100回唱えさせるか100回書けば覚える」という施策を最初に思いついたのです。

　しかし、100回唱えたり書かせたりしたことを想像してみると、イヤイヤ取り組んだ子どもは、二度と東西南北という言葉を見聞きしたくない人になってしまいそうです。

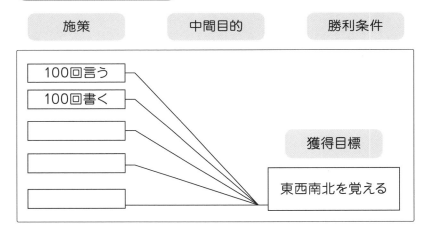

　施策を実行することが目標に反していたり、悪い結果になってしまってはその施策を行った意味はなく、費やした時間が無駄になります。

　施策が効果を発揮しなければ、別の施策を実行することになり、その分目標を実現する時期が遠のくことになります。

◯ ダメな施策をふるいにかける「中間目的」

　目標にとって不適切な施策を選択しないようにするには、施策を選択する基準・フィルターが必要です。

　この役割を果たすのがプ譜の「**中間目的**」です。

中間目的はもともと人工知能の世界の用語で、**「最終的な目的を達成するために細分化された目的」**という意味で用いられています。

中間目的は**「要素と状態」**で構成されており、「要素という入れ物が、どんな状態で満たされているか？」と考えるとわかりやすくなります。

> ● **要素**
> プロジェクトを構成する（成り立たせている）有形無形のモノやコト
>
> ● **状態**
> それらの要素が「どうなっているべきか？」「どんな状態になっていれば、勝利条件を実現するか？」というもの

勝利条件につながっている矢印線の楕円の枠が要素と状態を書き込む欄になります。

そして、要素の状態を実現するために具体的に行う作業・行動が**「施策」**です。「施策を"する"ことで、その状態に"なる"」という、**「する−なる」関係**にあると覚えてください。

施策と中間目的の関係

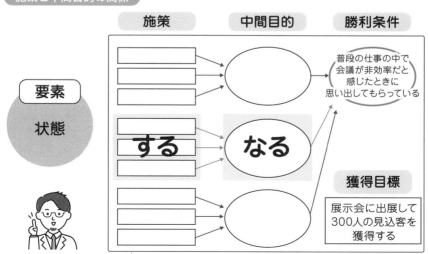

まずは要素を洗い出す

中間目的の「要素」と「状態」のうち、最初に勝利条件の実現に必要な要素から探していきます。

 ブース来場後の未来の会議中に「非効率だなぁ」と感じて、製品のことを思い出してもらうのに、最も重要と思われる要素にはどんなものがあるでしょうか？

ブース来場時に製品を強く印象づけないといけないと思うので、ブースでのデモンストレーションというか、デモを通じて得られる体験が一番重要な要素になると思います。

 たしかにこれが最も重要そうですね。この要素の他にはどういったものが考えられそうですか？

ブースの見た目も大事だと思います。
そもそも会場を歩き回っている来場者に自社のブースを見つけてもらって、ブースに入ってきてもらわないといけないからです。

 確かにそうですね。では、「見つけてもらう」というのは何という要素といえそうですか？

……「認知」ですかね？

この対話で、**要素の洗い出しのコツ**が2つ出てきました。

最も重要なものから聞き出し、そこに至るまでの要素を並べていくと、どんな状態から実現していかなければならないのかを整理しやすくなります。

重要度と前後関係・順序に続けて、要素の洗い出しに使える問いかけも見てみましょう。

- 重要度
- 重要な要素の前後にはどのような要素があるか？

 未来に自社製品を思い出してもらっている状態を強化・促進する要素はありますか？

定期的に来場者の課題や事情に合った事例やノウハウを提供して、折に触れて私たちのことを思い出してもらう。そういうことを繰り返して、頭の片隅でいいので私たちのことを覚えておいてくれたらいいなぁと思います。

 それは何という要素になりますか？

来場者との関係性、でお願いします。

　他にも要素はあるかもしれませんが、最低限必要なものは出ていると思われるので、いったん、ここで止めておくことにします。

　要素は前ページの図のように中間目的の欄の中に書いても、外に書いてもかまいません。ここで書くのはあくまで、状態を書くための目印や手がかりのようなものです。

状態を定義する

　要素を出したら、**「要素がどんな状態になっているべきか」**を定義します。

　これを書くときの基本ルールが2つあります。

- 「〜になっている」という状態を「未来完了時制」で書く
- 動詞で書かない

状態の定義が中間目的を設定する際の肝です。

プロジェクトの内容によっては共通の要素のプリセットがありますが、言葉の音は同じでも言葉の意味が異なることがあります。要素は共通でも自社と他社では状態の表現が異なるはずです。

また、要素がどのような状態になっているかは、勝利条件の表現や使える予算や時間などの影響を受けて変わってきます。

勝利条件を実現するときに最も重要としたデモンストレーションの要素では、その体験をしたときの来場者の状態はどのようになっているべきでしょうか？

弊社の製品は録画した音声の自動文字起こしと、あるコマンドを録画中に詠唱すると、「誰がどのタスクをいつまでに実行するか？」といったリストなどをつくれるのがウリなので、その精度の高さや便利さを体験してもらいたいです。

精度の高さや便利さがウリなんですね。その体験をしたときに、どんな感想や感情が生まれているべきでしょうか？

「便利じゃん！」とか、詠唱コマンド※は単純に面白いので、「これは面白い！ 使ってみたい！」と思ってもらうことだと思います。

そんな感情を持ってもらえたら印象に残りそうですね。これを「〜になっている」などの状態で表現するとどうですか？

「議事録と詠唱コマンドによるタスクの割り振りテキスト生成の便利さを実感している」、にします。

※「詠唱コマンド」とは、Aさんが関わる会議の効率化・質向上サービス「kaigee」の機能で、音声で会議中に決まったタスクを担当者に割り当てるといったことができる架空の機能です。

その中間目的は実現可能か

　かなり具体的に状態を表現することができました。状態を表現したら、その状態を実現するための所要時間も考えておくといいです。

　さらに、3日間の会期中に300人の見込客を獲得するために、1人あたりどのくらいの時間をかけられるかも計算しておくと、さらに具体的で実現可能性の高い計画にすることができます。

　このようにして、「認知」や「来場者との関係性」の要素も具体的な状態の表現にしていきます。

 体験をしてもらう前段階の「認知」の要素は、どんな状態になっているべきですか？　Aさんの趣味のコミケなどで、パッと見て「入ってみよう」と思うブースはどうなっているでしょうか？

コスプレしているブースは目がいきます。あとは人だかりができているブースには「何だろう？」と思って寄っていると思います。

 そうした工夫や状態から、Aさんのブースに応用できそうなものはあるでしょうか？

ブースの中を「会議室」風にして、一目で会議に関する製品を展示しているんだということを伝えることはできそうです。

 今の表現はわかりやすいですね。来場者に「一目で会議に関する製品を展示しているということがわかる」のは他のブースとの差別化という点でも重要そうです。
一目で何の展示かがわかって、さらに「ブースに入ってみよう」と足を運ばせる状態が加わると盤石になると思いますが、そのような状態はつくれそうでしょうか？

デモで体験できる詠唱コマンドや議事録の自動生成が、どんな課題を解決するのかが伝われば足を踏み入れてくれるんじゃないかと思います。

何の製品か？　だけではなくて、どんな課題が解決できるか？が伝わればいいということですね。

• **類似する経験を探ってプロジェクトに活かしてもらう**

　先ほどの対話では、Aさんの「ドンピシャじゃないんだけど類似する経験」に問いかけることで、状態の表現を導こうとしました。

　一般的な問いかけの形をとるなら、「今回のプロジェクトと類似する経験はありますか？」や、「過去の経験の中で今回のプロジェクトに活かせそうなものはありますか？」というふうにできます。

　この対話を通じて**認知の状態は、「会議の非効率・不安を解決する製品を展示していることが、外から一目でわかっている」**としました。

　最後は、未来に自社製品を思い出してもらっている状態を強化する要素、**「来場者との関係性」**の状態です。

 来場者に製品のことを思い出してもらうためには、「来場者との関係性」が大事ですね。一言で何といえますか？

社名を名乗ったときに、「あのときの人か」や「あの製品か」と好意的に思い出してもらわないと、メールの開封や電話で話を聞こうとは思ってくれないと思うので、良い関係でいたいです。

 その良い関係というのはもう少し具体的にいうと、どのような関係なんでしょうか？　メールを開封してくれる、電話をしたら話を聞いてくれるようになっているとき、AさんやAさんの製品はどのように認知されているべきでしょうか？

有益な情報を提供してくれるとか、会議の効率化について相談にのってくれる人として認知されていると、良い関係になれていると思います。

中間目的と勝利の条件の関係性

このように**３つの中間目的を設定**することができました。

この**３つの中間目的を満たすことで勝利条件を達成**することができるという構造になっています。

中間目的を具体的に表現できると、例えば「来場者が名刺交換と引き換えにして欲しがるノベルティをつくる」という実行しなくていい施策を最初から候補に入れずに済みます（状況によってはこれも必要な施策かもしれません）。

また、その施策を実行してしまったとしても、勝利条件に必要な中間目的の実現に寄与していないことがわかれば、採用した施策が適切ではなかったことに早く気づくこともできます。

次の節からは、中間目的を実現するための施策について学んでいきましょう。

06 中間目的を実現するための施策を探す

　中間目的を設定したら、次はその**中間目的を実現するための施策**を決めます。**施策は中間目的を実現するための手段、具体的な行動や作業のこと**をいいます。

　プ譜ではそれぞれの中間目的にひもづけるように書きます。施策を書くときのルールは2つあります。

> **☑ Point　施策を書くときの原則**
>
> 　施策をできるだけ多く書く
> 　手段を実行して中間目的をつくるので、「〜する」など動詞で書く

● 施策をできるだけ多く書く

　施策をできるだけ多く書くのは、その施策が間違いなく目当ての中間目的を実現するとは限らないからです。中間目的を実現する手段が1つしかないと、その手段が適切ではなかった場合、他の手段を用意しておかないと"詰んで"しまいます。

　新しく施策を考案しようとすれば、ゼロからそのための時間がかかってしまうため、最初から選択肢を持っておいた方が良いのです。

　1つの中間目的を実現するための施策＝選択肢がたくさんある状態を**「豊かな選択肢」**といい、それに対して選択肢が少ない状態を**「貧しい選択肢」**といいます。

中間目的を実現するために必要な施策の数はいろいろ

　中間目的を実現する施策は1つで済むものもあれば、複数の施策を組み

合わせなければ実現しないものもあります。

　一方で、先述したように選択した施策が中間目的の実現に適していない可能性もあります。準備はしていたけれど、他の施策を実行したら中間目的が実現したので、実行しなかった施策も出てきます。

　1つの中間目的を実現するためにすべての施策が必要な状態を「**多要素必要条件**」といい、当たる施策もあれば当たらない施策もある状態を「**多要素十分条件**」といいます。

　ムダなことを省き、必要なことしかしないマニュアルは多要素必要条件で、プロジェクトは基本的には多要素十分条件です。

　コストという点では、最も少ない施策で実現することが望ましいですが、プロジェクトを進めるうえでは、実現に影響を与えない施策が出てくることを受け入れる必要があります。

　多要素必要条件と多要素十分条件は、「施策－中間目的」の関係だけでなく、「中間目的－勝利条件」の関係でも同様です。

中間目的を実現するための2つの状態

多要素必要条件　　　　　　　多要素十分条件

● 中間目的の実現に影響を与える施策　　○ 中間目的の実現に影響を与えない施策

　このような考えのもと、Aさんのプロジェクトの各中間目的を実現する施策を考えていきましょう。

　認知、デモンストレーション、来場者との関係性の状態実現にそれぞれ以下のような施策を考え出しました。

　「アンケートに回答してもらう」施策が2つの中間目的にかかっていますが、これはこの施策が2つの中間目的を実現するために必要であることを示しています。

施策から伸びる**矢印が多いことは、それだけプロジェクトにとっての重要度が高い**ことを意味しています。

Aさんのプロジェクトの施策と中間目的

| アンケートの回答に応じたおすすめ会議の進め方コンテンツを提供する(インセンティブにする) |

| 来場者に信頼されるような立ち居振る舞いを身につける(マナー研修を受ける) |

| デモ対応者は、効率的な会議に関する課題図書を読んでおく |

来場者との関係性

会議について有益な情報提供や相談できる人として認知されている

| テキスト生成の待ち時間に、顧客が会議について感じている課題についてアンケート回答してもらう |

| 来場者との会話を記録して、議事録ファイルと詠唱コマンドによるタスクリストを見せる |

| 来場者用デモアカウントをつくる |

| PCを2台、ポケットwi-fiを1基用意する |

デモンストレーション

議事録と詠唱コマンドによるタスク割り振りテキスト生成の便利さを実感している(1人あたり10分まで)

| ブースに立つ全員がスール・黒縁メガネ・七三分けのサラリーマン姿になる |

| ブース内にガラス貼りの会議室を再現する(小テーブル、椅子、ホワイトボードで2セットつくる) |

| 社名・製品名よりも、製品価値(議事録・タスクリスト作成不要)が目立つ看板・ポスターをつくる |

認知

会議の非効率を解決する製品を展示していることが外目からすぐにわかっている

☑ Point　施策の原則

「施策はすべて実行しなければいけないわけではなく、実行しても中間目的の実現に効果のない施策もあれば、実行せずに済む施策もある

07. 施策の実現可能性を検討する

　施策を書き出したら、「それらが"すべて"行えるのか?」「1つの施策を"どの程度"まで行えるのか?」といった、「**実施可能性（feasibility）**」を確認します。

　実施可能性は、**プロジェクトに与えられた人手やその人の技術・知識、時間やお金などの条件や置かれている環境、言い換えれば制約の影響を受けます。**

○ 廟算八要素でプロジェクトの制約・環境を知る

　施策を実行している途中で、想定よりお金や人がかかることが判明すれば、その施策の実行に費やした時間だけでなく、材料などのコストもかさむので、できるだけ仮説・計画期でつぶしておく必要があります。

　こうした問題を防ぐための視点・情報が「**廟算八要素**」です。

　廟算八要素※は、いわゆる**リソース（使用可能な資源）**と**QCD（Quality、Cost、Delivery）**などの情報を統合したものです。

　「八」としていますが、必ずこの8項目を埋めないといけないわけではありません。不要なあるいは書けない項目は書く必要はありません。また、プロジェクトに必要な項目があれば自由に追加してかまいません。

　勝利条件は、無限定な状態を限定して考えやすくする効果がありましたが、**廟算八要素にも限定の機能があります。**

　採用したいツールがあっても、それを購入するお金がなければその施策は採用できません。同じように、あるツールを導入したくても、それを使いこなすようになるための習得時間が長すぎて、与えられている時間を圧迫するようではそのツールは導入できません。

　こうして文字で書けば自明のことも、いざ自分のプロジェクトとなると

※廟算とは、古代中国で、戦争の前に祖先の霊廟の前で作戦会議を開き、それを「廟算」と呼んだことに由来しています。

つい見落としてしまうことがあります。そうした問題を防ぐための教訓を得るためのドリルを行っておきましょう。

基本項目		
人	プロジェクトに関わる人材、メンバー、部署。メンバーの有する技術、得意分野、人数、稼働可能な時間（工数）などを把握する	
お金	予算	
時間	与えられている時間、決められている納期	
品質	製品に求められているクオリティ	
ビジネスモデル	ビジネスモデルが必要なプロジェクトの場合に記述	
環境	社内、社外の環境。社外は地域、業界、世界など関係する範囲を視野に入れておく	
競合	競合企業・製品	
外敵	プロジェクトの障害になりそうな社内外の人物、組織。自社のルールなど	
その他の項目	使命、存在意義、社是、価値観、信念、ミッション、ビジョン、バリュー、ポリシーなど 顧客、ユーザー、受益者、助けたい人、使用可能な有形無形の資源、設備、道具、ツール、ネットワークなど	

○ ドリル：石化を解く薬品を開発せよ

　みなさんは全人類が石化してしまった世界で、ただ一人生き残った11歳の少女です。少女は字は読むことができ、これまで身近にいた科学者の石化を解く薬品（物語では復活液といいます）製造の様子を目にしていますが、科学技術や知識の教育を受けたことはありません。

　身近にいた科学者が残してくれた薬品の製造工程を記したメモはあります。

　石化を解く薬をつくるには、簡単で早そうな方法から、科学技術や知識がなければ使えない方法まで4つの選択肢があります。

❶ 薬を持っている人や復活液が出る洞窟を探す

❷ オストワルト法でつくる

❸ アーク放電による二酸化窒素を生成してつくる

❹ ウンチを使用する方法でつくる

❷にはプラチナという稀少材料が必要です。

❸には強い電流とそれを維持する装置およびその操作が必要です。

　幸いにも器具と材料は残っており、みなさんならどの方法を選ぶでしょうか？

Dr.STONE「復活液をつくる プ譜」

廟算八要素	施策	中間目的	勝利条件

・**人**
少女（字は読める）

持っている人や復活液が出る洞窟を探す

・**使えるモノゴト**
科学者が残したメモ

オストワルト法でつくる（プラチナが必要）

・**外敵**
早くみんなに会いたいという気持ち

アーク放電による二酸化窒素を生成してつくる（強い電流とそれを維持する環境が必要）

ウンチを使用する方法でつくる（硝石硫酸をかけて硝酸をつくる）

獲得目標

復活液をつくる

身の丈に合った方法を選択せよ

　この演習の元となった物語では、少女は最初石化を免れた復活液を持っている人を探しますが、その希望は早々に消えました。

　次に❷と❸の方法に取り組みますが、操作方法を誤って感電したり製造中に薬品が暴発してしまったりします。

自分の技術・知識では復活液をつくることはできないと悟った少女は、最後に❹の方法を選択します。

　この方法は機器の操作を必要としない❶に次いで簡単なものでしたが、ウンチという臭い原料を集めなければいけないこと、生成に1年かかること、早くみんなに会いたいという気持ちから、少女が最も忌避（きひ）していたものでした。何度も試行錯誤を経て、結果的に7年の歳月を要したあと、復活液は見事完成しました。

　少女が復活液を完成させて真っ先に石化を解いたのはこの物語の主人公である科学者でした。ちなみにこの科学者はたった1日で科学的な手法を使って復活液をつくり上げてしまいました。

　この演習の教訓は2つあります。

　1つ目の教訓は、廟算八要素の「人」の技術や知識という要素、「臭くて汚いのはイヤ」と「早く会いたい気持ち」といった**外敵が施策の選択とその結果に与える影響**です。

　自分のこだわりや好みで採用したい手段があっても、それを扱うことのできる技術や知識がなければその手段を使いこなすことはできません。

　その結果、失敗に終わったとしてもそれに費やした時間は返ってきません。こうした条件を無視して施策を選択・実行することは、限られた時間でプロジェクトを進めていくうえで避けたいところです。

　2つ目の教訓は、未知のプロジェクトでは、1つの施策を程度や回数といった質や量をどのくらい、どんな順番で行えばいいかわからないということです。

　プロジェクトに要する時間を見積もるときには、試行錯誤の、言い換えれば**学習の時間を予め入れておく必要がある**ということです。

08 中間目的と廟算八要素から施策を選ぶ

◎ 2つのルートから施策を選択する

中間目的と廟算八要素が施策を限定

所与の条件・環境が選択する施策を
規定し、プラン全体に影響を与える

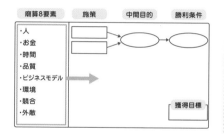

良くも悪くも制約・限定してくれる

あるべき状態が選択する施策を
規定する（基準になる）

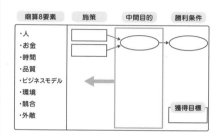

状態を実現できるなら色々な
手段が考えられる

　ここからは、この2方向の選択のし方を念頭に、Aさんのプロジェクトにとって適切で、実行可能な施策を検討していきましょう。

　まず、Aさんのプロジェクトの所与の条件・制約となる**廟算八要素を確認**します。

Aさんのプロジェクトの廟算八要素

●人
・Aさん(リーダー)
・デモンストレーション要員×2名
　(開発者1名、営業担当1名)
・呼び込み要員×2名
　(インターン1名、営業担当1名)
・フリーサポート×1名(広報)

●お金
・ブース費用、××万円
・設備、備品類×万円

●時間
・出展期間xx月xx日〜xx月xx日
・1回のデモにかける時間は10分まで

●品質
短い時間で製品の特徴と精度を体験してもらう
(来場者に驚きとワクワクを持ち帰ってもらう)

●ターゲット
・会議の非効率、非生産性に課題を感じている人
・DXというお題で何かやらないといけない人

●ビジネスモデル
SaaS(月額x万円、年間契約)

●環境
・DXをテーマに集まった多くの企業ブース
　が一斉出展
・DXというお題が先行して具体的に何をす
　ればDXの効果があったと言えるのかとい
　う決定的な解がない

●競合
自動文字起こしサービス

●外敵
展示会スタッフの経験の浅さ

では、先に廟算八要素から施策の実行可能性を見ていきましょう。人と時間の項目から、カウンセラーが気になった施策があったようです。

Aさんが設定した施策はすべて、手持ちの時間やお金で実行できそうですか？　学習や習得コストが抜けているものはありませんか？

ほぼ問題ないと思いますが、ブースに立てる人が日によって足らず、応援を頼まないといけないかも知れません。

応援の方でも、施策の実行に問題はないでしょうか？

「マナー研修を受ける」や「課題図書を読む」の施策はちょっと難しいかも知れません。

この施策は「会議について有益な情報提供や相談ができる人として認知されている」という中間目的にとって「あればなお良い」でしょうか？　「なくてはならない」でしょうか？

「あればなお良い」だと思います。実行する時間がないときは諦めることも考えなくてはいけないかも知れません……。

 では、どちらが中間目的を実現するうえで影響が大きそうですか？　もしくは効果が現れるまでのスピードが速いですか？

ビジネスマナー研修だと、スキマ時間で行うのは難しいので、課題図書の「この部分さえ読めばいい」というところを抜き出して提供してあげようと思います。

 それなら忙しい人でもできそうですね。

　以上の対話から、当初設定した施策を一部変更することになりました。
　「会議について有益な情報提供や相談ができる人として認知されている」という状態で設定した施策のうち、1つを削除、1つの内容を変更しました。

中間目的と施策

アンケートの回答に応じたおすすめ会議の進め方コンテンツを提供する（インセンティブ）にする

来場者に信頼されるような立ち居振る舞いを身につける（マナー研修を受ける）

デモ対応者は、効率的な会議に関する課題図書の必要箇所を読んでおく

来場者との関係性

会議について有益な情報提供や相談ができる人として認知されている

また、「議事録と詠唱コマンドによるタスクの割り振りテキスト生成の便利さを実感している」を実現するための施策に、「周囲がうるさい状況での録音テストをしておく」を加えました。

　この施策を追加したあと、「来場者との会話を記録して、議事録ファイルと詠唱コマンドによるタスクリストを見せる」施策の間に矢印をつなぎました。

　これは、「施策Ａを実行してから施策Ｂに取りかかる」や「施策Ａを実行しなけれ施策Ｂに取りかからない（れない）」という関係を表します。関係者に説明をしたり指示を出したりするときには、施策の順序を示すものとして書いておいた方がわかりやすいです。

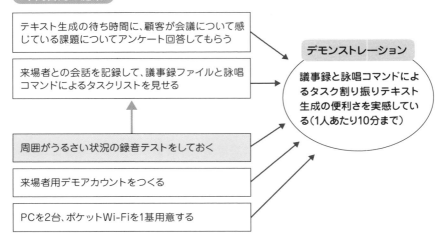

中間目的と施策

テキスト生成の待ち時間に、顧客が会議について感じている課題についてアンケート回答してもらう

来場者との会話を記録して、議事録ファイルと詠唱コマンドによるタスクリストを見せる

周囲がうるさい状況の録音テストをしておく

来場者用デモアカウントをつくる

PCを2台、ポケットWi-Fiを1基用意する

デモンストレーション

議事録と詠唱コマンドによるタスク割り振りテキスト生成の便利さを実感している（1人あたり10分まで）

09 実現すべき中間目的と 実行する順序を決める

○ 施策を実施する順序とスケジュールを決める

獲得目標、勝利条件、中間目的、施策、廟算八要素のすべての欄が埋まったら、仕上げに取りかかる順序やスケジュールを決めましょう。

❶ 中間目的に取り組む順番を決める

❷ 中間目的を実現するための施策にかかる見込み時間を記入する

❸ 与えられた時間を「持ち時間」として、各中間目的に割り振る

❹ 施策を実行する順序を決める

❺ 自分が使える時間と中間目的と施策の時間の辻褄を合わせる

ここではAさんの展示会プロジェクトのプ譜を例に取ります。

Aさんのプ譜で描いたのは、出展当日の来場者のブース体験の流れを中間目的とそれを実現するための施策です。

これを元に展示会当日までに行う作業の順序とスケジュールを決めていきます。

なお、Aさんのプ譜では、当日はブースに立つメンバーがいますが、出展までの準備はすべてAさん1人で行うことを想定して説明します。

❶ 中間目的に取り組む順番を決める

まず、中間目的に**取り組む順番**を決めます。「この中間目的を実現しないと、次の中間目的が実現しない」という前後関係・依存関係を持つものがあれば、その発端となるものから番号を振っていきます。

Aさんのプロジェクトの中間目的と施策を見ると、出展前の準備を行う

うえでの依存関係はなく、どれから始めてもよさそうです。ここでは実際のブースでの流れに則って、認知、デモンストレーション、来場者との関係性の順に番号をふります。中間目的が依存関係を持つ場合の取り組む順序の決め方は第3章で説明します。

手順に沿って完成したプ譜はP73をご確認ください。

❷ 施策にかかるおおよその見込み時間を記入する

施策の脇にその**実行にかかる時間**を記入します。○日間という書き方や○人／日など、慣れ親しんでいる書き方でかまいません。

ここで中間目的ごとに実行する施策の時間を足しあげると、その中間目的の実現に要するおおよその時間の量がわかります。

施策に要する時間は、廟算八要素の「人」が持つ知識や技術によって変わることは7節で説明した通りです。高い技術や便利な道具を持つ人ならより短い時間で済ませることができます。

❸ 与えられた時間を「持ち時間」として、各中間目的に割り振る

〆切から逆算して、着手日と終了日を記入する「**2点見積り**」を行うことで作業に要する量に加えて期間もわかるようになります。

最初の施策の実行日から、最後の施策の終了日までがその中間目的を実現するのに要する時間になります。施策の合計時間と中間目的の実現時間が同じではないこともあります（詳しくは第5章で解説）。

❹ 施策を実行する順序を決める

施策を実行する順番を施策の左脇に①②③…と記載していきます。施策にも前後・依存関係があれば、元となる施策から先に取り組むようにします。

施策間にある前後・依存関係は矢印線でつなぎます。Aさんのプロジェクトで説明すると、「議事録と詠唱コマンドによるタスクの割り振りテキスト生成の便利さを実感している」を実現するための施策に、「**周囲がうるさい状況での録音テストをしておく**」を加えました。

この施策を追加したあと、「来場者との会話を記録して、議事録ファイ

ルと詠唱コマンドによるタスクリストを見せる」施策の間に矢印をつなぎ
ました。

これによって、「施策Ａを実行してから施策Ｂに取りかかる」や「施策
Ａを実行しなけれ施策Ｂに取りかからない（れない）」という関係を表し
ます。関係者に説明をしたり指示を出したりするときには、施策の順序を
示すものとして書いておいた方がわかりやすいです。

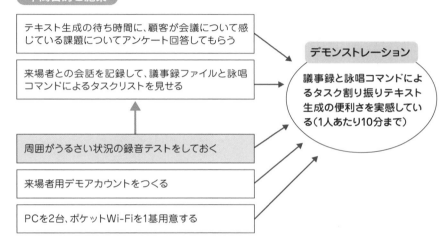

❺ 自分が使える時間と中間目的と施策の時間の辻褄を合わせる

すべての中間目的と施策に要する時間と期間を書き込んだら、自分が使
える時間の間で齟齬がないか確認します。

中間目的の実現と施策の実行に要する時間が自分の使える時間を超えて
いる場合、以下を検討します。

- 人を増やす
- スケジュールをずらす
- いずれかの施策を実行するのをやめる
- より時間・お金のかからない別の施策を実行する
- 施策の程度・量を減らす、質を落とす

　複数人で取り組む場合は、それぞれ使える時間を確認しておくことも重要です。特に他の業務と兼業しているメンバーは、専任メンバーよりも使える時間が短くなります。

　こうした見落としを防ぎたい場合は、廟算八要素の人の欄に、週単位や月単位、期間内に使える時間・日数を追記しておきます。

◯ 施策を実施する順序決めからガントチャートへ

　こうして個々の中間目的や施策にかける時間と順番を整理したら、それをガントチャートに落とし込みます。

　ガントチャートは、プロジェクトの各段階を作業単位までリスト化し、全体の作業の進捗状況を表したものです。

　縦軸に作業内容・担当者・開始・終了日などを記載し、横軸の日時スペースに横棒を表示することで、作業に要する期間や進捗状況を示します。

　プ譜は要素の関係性や全体像を把握するのに適していますが、細かな作業を書き込むにはスペースが足りません。

　プ譜に書ききれていない作業があれば、このタイミングでガントチャートに補足しておきます。

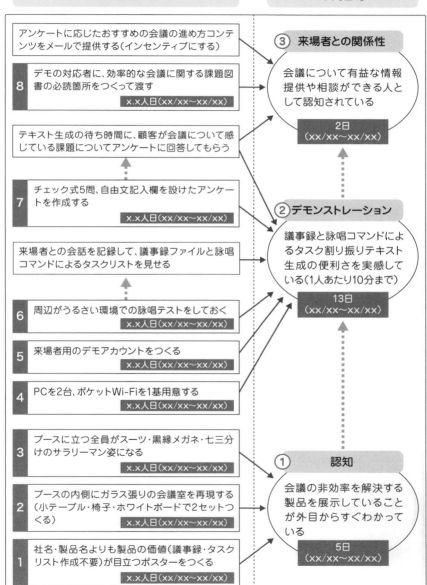

Aさんのプロジェクトのプ譜

施策

アンケートに応じたおすすめの会議の進め方コンテンツをメールで提供する(インセンティブにする)

8　デモの対応者に、効率的な会議に関する課題図書の必読箇所をつくって渡す
x.x人日(xx/xx～xx/xx)

テキスト生成の待ち時間に、顧客が会議について感じている課題についてアンケートに回答してもらう

7　チェック式5問、自由文記入欄を設けたアンケートを作成する
x.x人日(xx/xx～xx/xx)

来場者との会話を記録して、議事録ファイルと詠唱コマンドによるタスクリストを見せる

6　周辺がうるさい環境での詠唱テストをしておく
x.x人日(xx/xx～xx/xx)

5　来場者用のデモアカウントをつくる

4　PCを2台、ポケットWi-Fiを1基用意する
x.x人日(xx/xx～xx/xx)

3　ブースに立つ全員がスーツ・黒縁メガネ・七三分けのサラリーマン姿になる
x.x人日(xx/xx～xx/xx)

2　ブースの内側にガラス張りの会議室を再現する(小テーブル・椅子・ホワイトボードで2セットつくる)
x.x人日(xx/xx～xx/xx)

1　社名・製品名よりも製品の価値(議事録・タスクリスト作成不要)が目立つポスターをつくる
x.x人日(xx/xx～xx/xx)

中間目的

③ 来場者との関係性

会議について有益な情報提供や相談ができる人として認知されている

2日
(xx/xx～xx/xx)

② デモンストレーション

議事録と詠唱コマンドによるタスク割り振りテキスト生成の便利さを実感している(1人あたり10分まで)

13日
(xx/xx～xx/xx)

① 認知

会議の非効率を解決する製品を展示していることが外目からすぐわかっている

5日
(xx/xx～xx/xx)

中間目的／施策（タスク）	担当者	進捗状況	開始	終了	25	26	27	28	29	30	1	2	3	4	5	6	7	8
会議について有益な情報提供や相談ができる人として認知されている																		
アンケートの回答に応じたお勧め会議の進め方コンテンツ作成		50%	7.16	7.20														
デモ対応者に、効率的な会議に関する課題図書の必読箇所をつくる		60%	7.10	7.14														
チェック式5問、自由文記入欄を設けたアンケートを作成する		100%	7.3	7.7									■	■	■	■	■	
その他タスク		100%	6.25	6.30	■	■	■	■	■	■								
その他タスク		100%	6.29	7.9					■	■	■	■	■	■				
議事録と詠唱コマンドによるタスクの割り振りテキスト生成の便利さを実感している																		
PCを2台、ポケットWi-Fiを1基用意する		100%	7.2	7.2								■						
来場者用のデモアカウントをつくる		100%	7.2	7.9								■	■	■	■	■	■	■
周囲がうるさい状況での詠唱テストをしておく		50%	7.9	7.10														
来場者との会話を記録して、議事録ファイル・詠唱コマンドによるタスクリストを見せる		0%	8.2	8.4														
その他タスク		15%	7.16	7.27														
その他タスク		65%	7.7	7.24													■	■
会議の非効率を解決する製品を展示していることが外目からすぐわかっている																		
ブースに立つスーツ・黒縁メガネを購入する		100%	7.12	7.13														
ブース内にガラス貼りの会議室を再現する。備品のレンタル手配（小テーブル、椅子、ホワイトボード2セット）		100%	7.2	7.4								■	■	■				
社名・製品名よりも、製品の価値（議事録・タスクリスト作成不要）が目立つ看板・ポスターをつくる		20%	7.9	7.21														
その他タスク		30%	7.10	7.17														
その他タスク		0%	7.28	7.31														

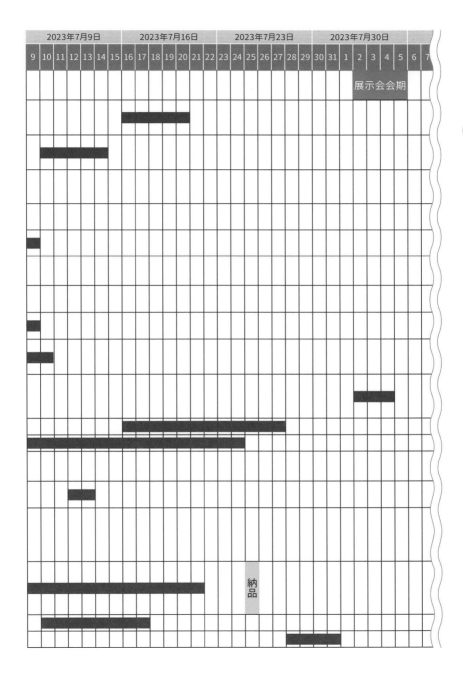

	2023年7月9日							2023年7月16日							2023年7月23日							2023年7月30日								
9	10	11	12	13	14	15	16	17	18	19	20	21	22	23	24	25	26	27	28	29	30	31	1	2	3	4	5	6	7

展示会会期

納品

○ 関係者に計画を説明する

　計画を完成させた後は、関係者にプロジェクトの進め方を説明します。

　部分のプロジェクトを任されていれば、上司・マネージャーに「このように進めます」と説明し、承認を得なければなりません。計画に則って行動してもらう必要があるメンバーがいるなら、彼・彼女らが理解できるよう説明する必要があります。

　プ譜は1枚でプロジェクトの全体像が把握できるように情報を"圧縮"したものです。

　階層が上になるほど細部の情報よりは全体・大筋で情報を把握したいものです。プ譜を用いることで、プロジェクトの進め方の全体像を一目で表現できます。それによって、限られた時間しか割けない上司やメンバーへの説明と理解の認知負荷を下げるという「情報コスト高症候群」を防ぎます。

　実際にプロジェクトを任されてしまった人がプ譜を用いて上司やメンバーにプロジェクトの進め方を説明すると、「目標を実現するための筋道がよくわかった」「何をどのように考えているかわかって安心した」「もし問題が起こっても、どこで問題が起きているかが把握しやすくなって、アドバイスもしやすくなる」といった評価をされています。

レビューやフィードバックを受けるときの心構え

　もし、上司やメンバーからレビューやフィードバックを受けるときは、立てた計画は「更新前提の仮説である」という心構えで受けるようにしてください。この心構えを持っていれば、上司やメンバーから指摘があったとしても悲観的・後ろ向きに受け止めてしまうことをある程度防止してくれます。

　どうしても書いている本人には気づけなかったことが、読み手には見つけやすいものです。

　指摘があるということ自体が、プロジェクトの計画を具体的に記述できているということを意味します。そのことに自信を持ってください。

第2章

全体的で大きな
プロジェクトの進め方

メンバーの一員のときは型通りに仕事をこなしていれば良かったけれど、まったく新しいプロジェクトを任されると、様々なことを自分で考え、進めていかなければなりません。
メンバーを率いるのが初めてだと、どのように管理すればいいかもわかりません。この章では長期にわたるプロジェクトの見通しの立て方、優先順位のつけ方やトレードオフの判断方法、プロジェクトメンバーへの仕事の任せ方を紹介します。

#仮説立案 #俯瞰不全症候群 #情報コスト高症候群 #フェイズ #近位と遠位 #優先順位 #品質 #トレードオフ #部署横断 #最適なあいまいさ #最適な見過ごし #入れ子構造 #委任戦術 #分権と分散

01 取り上げるプロジェクトの特徴と登場人物

● 全体のプロジェクトの特徴

第2章では、第1章で扱った部分のプロジェクトの大元となる**仮説・計画期の「全体のプロジェクト」**を扱います。

全体のプロジェクトは部分のプロジェクトに比べて、**未知の部分が多く、扱う情報の種類と量、関わる人数が増えます**。これは、考える範囲が広がることを意味します。さらに、もっと先の時間を見据えて考えることも必要になります。

人材や道具といった手持ちの資源、時間やお金などの与えられている条件で、目標を**実現するまでの道のりを設計**し、そこに到達するための**優先順位づけ**や、**矛盾・衝突するものごとの調整**などを行っていかなければなりません。

人数や情報量が増えるということは、自らが処理できることが少なくなり、同時に他者への依存の増加、すなわち**自分ではコントロールしきれない要素が増える**ことを意味します。

プロジェクトとは、自分とは考えや価値観、知識や経験、好みや利害の異なる他者（プロジェクトメンバー）との協働です。全体のプロジェクトを任された人は、他者に指示や依頼をしてプロジェクトを進める必要があります。

プロジェクトには、社員教育やオフィスの引越などの社内プロジェクトもあれば、顧客に製品を納品したり、自社製品を使用する顧客の成功を支援するような社外プロジェクトもあります。

本章では上述した課題に取り組む方法を解説する題材として、「**自社で開発・運営して、顧客に使ってもらうWebサービス**」を選びました。

第1章で紹介したAさんのイベント出展の部分プロジェクトが属する、大元の全体のプロジェクトが対象です。

登場人物とプロジェクトの関係

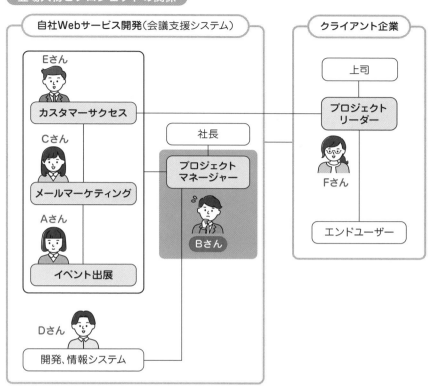

| 自社Webサービス開発（会議支援システム） | クライアント企業 |

Eさん
カスタマーサクセス

Cさん
メールマーケティング

Aさん
イベント出展

社長
プロジェクト
マネージャー
Bさん

Dさん
開発、情報システム

上司
プロジェクト
リーダー
Fさん
エンドユーザー

今回の登場人物

Bさん

入社以来4年間、ルート営業職に従事してきて成績も優秀です。社内の新規事業コンテストに会議を効率化するWebサービスを起案して応募したところ採用され、PMに抜擢されてしまいました。PMとしての経験はなく、スタッフを率いるのも初めてです。第1章でAさんに展示会プロジェクトを任せた人でもあります。

02 取り上げる症状や原因、予防策と解決策

主な症状と原因

- 方針を決められない（あいまい・多義性症候群）
  - 成功の定義がない
  - 「絶対必要なものごと」と「あればなお良いものごと」、「譲れないものごと」と「譲れるものごと」の区別がついていない
- 先々まで見通して計画を立てることができない（俯瞰不全症候群）
- 優先順位が決まっていない（あいまい・多義性症候群）
  - 最終的な理想の姿を実現するための段階・過程を整理できていない
  - 個々の施策だけが存在していて、「何のために行うのか？」がわかっていない
- トレードオフを判断できない（あいまい・多義性症候群）
- あれもこれもやりたいと詰め込みすぎている（あいまい・多義性症候群）
- どこまで展望すればいいかわからない（抱え込み症候群）
- メンバー間で認識のズレが起きている（コミュニケーション不全症候群）
- どこまで指示を出せば、管理すればいいかわからない

予防策・対策

- 遠い将来の成功を見越して、近い将来の成功を定義する
- 関わるメンバー間の言葉の意味を確かめる
- 成功の定義や判断基準をメンバーに共有し、権限移譲して、自分で考えられるようにする
- メンバーに任せた仕事に口と手を出しすぎない

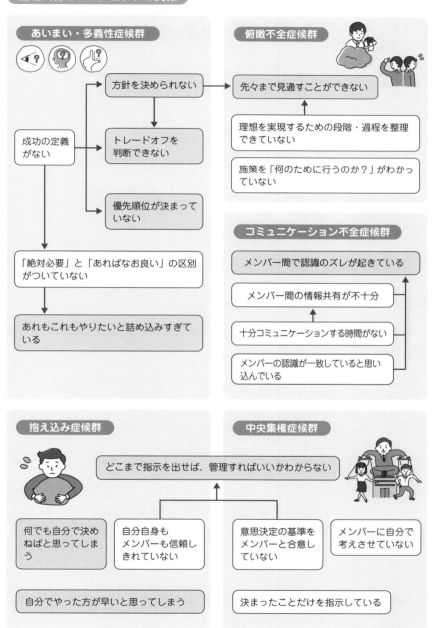

登場人物とプロジェクトの関係

あいまい・多義性症候群

成功の定義がない

方針を決められない

トレードオフを判断できない

優先順位が決まっていない

「絶対必要」と「あればなお良い」の区別がついていない

あれもこれもやりたいと詰め込みすぎている

俯瞰不全症候群

先々まで見通すことができない

理想を実現するための段階・過程を整理できていない

施策を「何のために行うのか？」がわかっていない

コミュニケーション不全症候群

メンバー間で認識のズレが起きている

メンバー間の情報共有が不十分

十分コミュニケーションする時間がない

メンバーの認識が一致していると思い込んでいる

抱え込み症候群

どこまで指示を出せば、管理すればいいかわからない

何でも自分で決めねばと思ってしまう

自分自身もメンバーも信頼しきれていない

自分でやった方が早いと思ってしまう

中央集権症候群

意思決定の基準をメンバーと合意していない

メンバーに自分で考えさせていない

決まったことだけを指示している

03 優先順位を決められない

○ 優先順位を決める必要性

未知の要素や扱う情報の種類と量が増えることで起きる問題には、

- 「先々まで見通して完璧な計画を立てることができない」
- 「優先順位を決められない」
- 「トレードオフの判断が難しい」

というものがあります。

製品には顧客の要望がつきもの

例えば、ある課題を解決するための製品を開発・運営して販売していると、顧客からこのような要望が寄せられます。

こんな機能がほしい
この画面をもっとわかりやすくしてほしい

ツール導入など購入する側にまわるプロジェクトでも、以下のような要望が出ます。

社員のITリテラシーに合ったツールにしてほしい
きめ細かいサポートをしてほしい

また、プロジェクト全体を任されている自分自身にも考えがあります。

早くこの機能をリリースしたい
あの顧客からの要望に先に応えたい

どっちが大事？　優先順位を決める

　顧客からの要望は様々で、それを実現するための時間やお金、難易度はそれぞれ異なります。時間やお金、人・道具・設備といった資源は限られているので、すべての要望に応えることはできません。

　また、要望同士が衝突して「あっちを立てればこっちが立たない」という**トレードオフの判断**を迫られるものもあります。

　このような状況では、**重視するもの、譲れるものと譲れないものを整理**し、**優先順位をつけて取り組んでいく**必要があります。

　さらに、プロジェクトが長期にわたる場合、自然や社会、人々の価値観やライフスタイルの変化、競合製品の登場などにより、要望に取り組む優先順位を変えなければいけないこともあります。

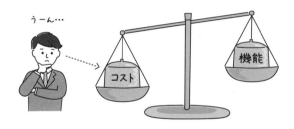

◉ 優先順位を決める4つのステップ

　先々まで見通すことが難しい状況で優先順位をつけることにもプ譜が役に立ちます。**プ譜を使って優先順位をつける手順**は下記のとおりです。

> ❶ プロジェクトの今の状態をプ譜化する
> ❷ 要望を中間目的にひもづける
> ❸ 近位と遠位の勝利条件を設定する
> ❹ 中間目的と施策を近位と遠位に分類する

Bさんのプロジェクトの内容

　Bさんは映像機器メーカーに勤めています。

　この会社では他社に追随するかたちで、映画制作や地域活性化映像づくりなどの映像機器に関連する新規事業に何度か取り組み、いずれも失敗してきました。そのせいか、社内には現状維持でよしという保守的な雰囲気が蔓延<ruby>蔓延<rt>まんえん</rt></ruby>しています。

　現状維持で良しとはいうものの、テレビ番組や映画制作の予算は年々縮小傾向で、iPhoneやGoProなど一般向けの機器でも高品質の映像が撮れるようになり、従来の映像機器のシェアに食い込んできています。

　そんなところに、創業者の息子である2代目社長が着任します。

　2代目社長はこの停滞した雰囲気を一掃しようと、DX（デジタルトランスフォーメーション）をテーマに、自社がこれまで培ってきた技術やノウハウ・既存の取引先といった資産を活かした**新規事業コンテストを開催**しました。

　それに応募して採用されたのが、Bさんが起案した自社の**カメラ技術を活かした会議の生産性向上Webサービス**「kaigee<ruby>kaigee<rt>カイギー</rt></ruby>」でした。

　新規事業には3年の時間と予算が与えられていますが、明確に売り上げ目標は定められていません。

　プロジェクトオーナーであるBさんに、社長が与えた目標は、「**会議の効率や品質に困っている人々のために、kaigeeをより良いサービスにして提供していく**」ことでした。

停滞した社内の雰囲気

kaigeeを革新的なwebサービスに・・・

2代目社長

❶ プロジェクトの今の状態をプ譜化する

　kaigeeの目標や目指す姿を実現し、開発すべき機能を整理してプロジェクトを進めるために、BさんはAさんに教わった**プ譜**で表現してみることにしました。

　勝利条件には、kaigeeの利用者が導入したことによる成果・手応えを得られたといえるものとして、「会議に関する雑務の種類と時間、議論・タスク漏れが1つでも多く減り、会議の質が向上している」としました。

Bさんのプ譜

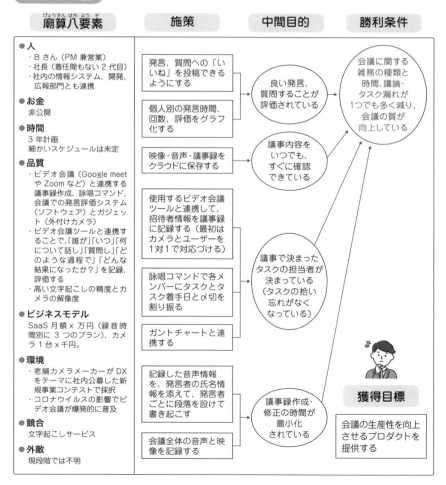

| 廟算八要素 | 施策 | 中間目的 | 勝利条件 |

廟算八要素

● 人
・Bさん（PM兼営業）
・社長（着任間もない2代目）
・社内の情報システム、開発、広報部門とも連携

● お金
非公開

● 時間
3年計画
細かいスケジュールは未定

● 品質
・ビデオ会議（Google meetやZoomなど）と連携する議事録作成、詠唱コマンド、会議での発言評価システム（ソフトウェア）とガジェット（外付けカメラ）
・ビデオ会議ツールと連携することで、「誰が」「いつ」「何について話し」「質問し」「どのような過程で」「どんな結果になったか？」を記録、評価する
・高い文字起こしの精度とカメラの解像度

● ビジネスモデル
SaaS月額x万円（録音時間別に3つのプラン）、カメラ1台x千円。

● 環境
・老舗カメラメーカーがDXをテーマに社内公募した新規事業コンテストで採択
・コロナウイルスの影響でビデオ会議が爆発的に普及

● 競合
文字起こしサービス

● 外敵
現段階では不明

施策
- 発言、質問への「いいね」を投稿できるようにする
- 個人別の発言時間、回数、評価をグラフ化する
- 映像・音声・議事録をクラウドに保存する
- 使用するビデオ会議ツールと連携して、招待者情報を議事録に記録する（最初はカメラとユーザーを1対1で対応づける）
- 詠唱コマンドで各メンバーにタスクとタスク着手日と〆切を割り振る
- ガントチャートと連携する
- 記録した音声情報を、発言者の氏名情報を添えて、発言者ごとに段落を設けて書き起こす
- 会議全体の音声と映像を記録する

中間目的
- 良い発言、質問することが評価されている
- 議事内容をいつでも、すぐに確認できている
- 議事で決まったタスクの担当者が決まっている（タスクの拾い忘れがなくなっている）
- 議事録作成・修正の時間が最小化されている

勝利条件
会議に関する雑務の種類と時間、議論・タスク漏れが1つでも多く減り、会議の質が向上している

獲得目標
会議の生産性を向上させるプロダクトを提供する

勝利条件を実現するための**中間目的**には、会議に関する業務やふるまいとして望ましい状態を書き、その状態をつくるための機能やサポートサービスを施策に書きます。

　これはものづくり業界では「**設計思想**」、SaaSでは「**プロダクトビジョン**」や「**プロダクトロードマップ**」を可視化したものに相当します。

　明確な売上目標は決められていないものの、kaigeeの営業マネージャーも兼任するBさんは既存の取引先とのつながりを活かして導入企業を少しずつ増やしてきました。そして顧客の増加に伴って様々な種類の要望が寄せられるようになりました。

　現在のプロジェクトメンバーのリソース（人数や使える時間、保有する技術など）では、すべての要望に同時に応えることができません。また、Bさん自身が希望する、まだ手つかずの機能開発も残っています。

　要望はエクセルでリスト化し、要望を出した顧客の利用金額、契約更新までの残り時間、同じ要望を出した企業の数などをリストに加え、点数をつけてみるものの、結果的にどの機能も高い点数になってしまい、**なかなか優先順位をつけることができません。**

　このようなときは増えた要望を最初につくったプ譜に落とし込むことで、個々の要望がプロジェクトにとってどのような意味を持ち、どのように位置づけられるのかを把握しやすくします。

内容	カテゴリ	会社名	優先度	コスト

要望リスト

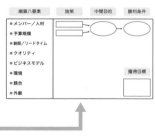

プ譜に落し込む！

優先順位が
つけられないときは

❷ 要望を中間目的にひもづける

　機能やサービスへの要望は、「〇〇はできないか？」「〇〇をできるようにしてほしい」という表現で出されます。**要望は「〇〇する」という表現にして施策に書き込みます。**

　優先順位をつけるためには、これらの**要望＝施策が「何のためのものなのか？」という目的にひもづける**必要があります。

　この目的にあたるものが**プ譜の中間目的**です。出された要望が既存の中間目的にひもづくならそれと矢印線でつなぎます。

　既存の中間目的にひもづけられるものがなければ、新しく中間目的を追加して矢印線でつなぎます。

思いつきに対して思考停止で応えない

　顧客の要望が思いつき・ジャストアイデアであっても、重要な顧客だからとすぐに対応の可否を判断したりするのではなく、施策を中間目的にひもづけることで、その要望＝施策が**顧客や自社製品にとってどんな意味・価値を持つのか？**　という視点から考えることができるようになります。

　次のページのプ譜が要望を追加したプ譜です。

　最初のプ譜にはなかった**中間目的が新たに追加**されていますが、中間目的に会議の雑務や時間を減らしたり、タスク漏れを防いだりするための「あるべき状態」または「あるべきではない状態」が定義されたことで、よりkaigeeという製品の目指す姿と、実際に開発・提供する機能やサポートサービスが具体的に見えてきました。

　当然これらの施策すべてを同時期に実行することはできないので、書き上げたプ譜を優先順位をつけていくための考える基盤として利用していきます。

☑ Point　中間目的と施策の優先順位

施策をひもづける中間目的がない場合は、新たに中間目的をつくる
中間目的に施策をひもづけて、その施策の意味・価値を付与する

要望　　　**中間目的**

●人
・B さん（PM 兼営業）
・社長（着任間もない 2 代目）
・社内の情報システム、開発、広報部門とも連携

●お金
非公開

●時間
3 年計画
細かいスケジュールは未定

●品質
・ビデオ会議（Google meet や Zoom など）と連携する議事録作成。詠唱コマンド、会議での発言票かシステム（ソフトウェア）とガジェット（外付けカメラ）
・ビデオ会議ツールと連携することで、「誰が」「いつ」「何について話し」「質問し」「どのような過程で」「どんな結果になったか？」を記録、評価する
・高い文字起こしの精度とカメラの解像度

●ビジネスモデル
SaaS 月額 x 万円（録音時間別に 3 つのプラン）、カメラ 1 台 x 千円。

●環境
・老舗カメラメーカーが DX をテーマに社内公募した新規事業コンテストで採択
・コロナウイルスの影響でビデオ会議が爆発的に普及場

●競合
文字起こしサービス

●外敵
現段階では不明

要望
Teams、Webex と連携する
リアル会議用マイクを開発する
喋りすぎる人に発言の持ち時間タイマーを表示する
発言、質問への「いいね」を投稿できるようにする
個人別の発言時間、回数、評価をグラフ化する
会議中、発言していない人を司会者に可視化する
ファシリテーション力・質問力向上研修を提供する
文字起こし終了後、会議参加メンバーへ議事録へのリンクをメールし、Slack・Teams で自動送信する
映像・音声・議事録をクラウドに保存する
議題別持ち時間を付与し、タイマー表示する
使用するビデオ会議ツールと連携して、招待者情報を議事録に記録する（最初はカメラとユーザーを 1 対 1 で対応づける）
詠唱コマンドで各メンバーにタスクとタスク着手日と〆切を割り振る
ガントチャートと連携する
会議終了時、担当者と着手・終了日が未定のタスクをリマインドする
記録した音声情報を、発言者の氏名情報を添えて、発言者ごとに段落を設けて書き起こす
会議全体の音声と映像を記録する
IP アドレス制限をかけられるようにする
二段階（多要素）認証をかけられるようにする
ユーザーログを取得・管理できるようにする

中間目的：
- 利用可能な環境が広がっている
- 良い発言、質問することが評価されている
- 議事内容をいつでも、すぐに確認できている
- 議論・決定すべき議題が漏れていない
- 議事で決まったタスクの担当者が決まっている（タスクの拾い忘れがなくなっている）
- 議事録作成・修正の時間が最小化されている
- クライアントの IT ツール導入のための基準を満たしている

会議に関する雑務の種類と時間、議論・タスク漏れが 1 つでも多く減り、会議の質が向上している

獲得目標

会議の生産性を向上させるプロダクトを提供する

88

❸ 勝利条件を時間軸で設定する

次に行うのは、**近位と遠位で勝利条件を設定**することです。

「近位の勝利条件」とは**「より現在に近い勝利条件」**、**「遠位の勝利条件」**とは**「より未来の、終結に近い勝利条件」**のことをいいます。近位と遠位といいますが、3つ以上に分けてもかまいません。

近位と遠位に分ける利点は、状況に合わせて計画を調整しやすくなる点です。

実現したい勝利条件が遠くなればなるほど、どのような変化が起こるかが読みにくくなります。遠くなるほど情報量は少なく不正確になり、近くなるほど情報量は多く正確になるので、確かな判断ができる可能性が高くなります。

近位の勝利条件を設定しておいて、その実現を積み重ねていけば、競合製品の登場や社会の変化といった状況に合わせて、それまで積み上げてきたものを活かして計画を調整することができます。

この進め方は良くいえば「臨機応変」、悪くいえば「行き当たりばったり」ですが、悪い進め方にしないようにするための原則があります。

それが**「近位の勝利条件は遠位の勝利条件を見据えて設定する」**というものです。

近位と遠位の関係

与えられた大きな、遠くの問題解決・目標実現（遠位）に貢献するために、**「直近（近位）ではどのような変化を目指すのか？」**と考えます。

遠位の勝利条件がないまま、近位の勝利条件を設定して、その都度勝利条件を更新し続けるだけだと、本当に実現したいと望んでいたことから離れていってしまう可能性が高くなります。

そのため、**遠位の勝利条件を見据えたうえで、直近の勝利条件ではどの**

ような状態を実現していればいいか？　というふうに考えます。

では、この技法を体験するドリルに取り組んでみましょう。

○ ドリル：戦争後を見据えた勝利条件を設定せよ

みなさんは歴史上の偉人になって世界統一を目指すシミュレーションゲームで遊んでいます。

自国の領土を広げるうえで隣国と戦争をすることになりました。各地で勝利を重ね、いよいよ敵国の首都に攻め込もうとしたとき、みなさんは戦後も敵国を統治（国土・人民を治めるという意味）して国力をより豊かにしていくという**遠位の勝利条件を実現するために、どのように近位の勝利条件を表現するでしょうか？**

統治のスタイルは、宥和的（ゆうわ）なものから弾圧的なものまで色々と考えられます。

首都を手当たり次第に攻撃し、市街地やインフラを破壊するという近位の勝利条件を掲げると、戦闘の破壊行為で、占領後の統治のための復興費用が高くつきます。

さらに、元の経済・生活水準に戻るまでの時間も長くかかり、市民の敵対感情も大きく煽（あお）ってしまいます。結果、遠位の勝利条件から離れてしまいます。

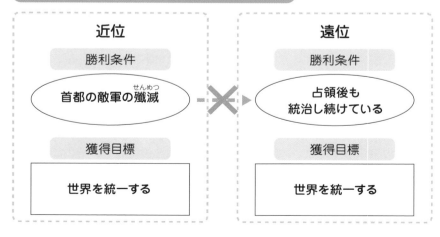

遠位の勝利条件に負の影響を与える近位の勝利条件

近位	遠位
勝利条件	勝利条件
首都の敵軍の殲滅（せんめつ）	占領後も統治し続けている
獲得目標	獲得目標
世界を統一する	世界を統一する

近位の勝利条件は遠位の勝利条件の影響を受ける

このような影響を考慮すれば、**近位の勝利条件**は**「市街地・インフラの損害をできるだけ抑えて首都を占領している」**という表現が考えられます。

また、占領後のテロ活動なども抑えていきたいと考えるなら、**「市民の死者を出さずに敵軍を降伏させている」**といった勝利条件も考えられるでしょう。

もし**遠位の勝利条件**を、「自軍はその土地を離れて、元の国の市民に治めさせている」とするなら、近位の勝利条件はまた違ったものになります。

これは裏を返せば、**「近位の勝利条件は遠位の勝利条件の影響を受ける（遠位の勝利条件に規定される）」**ということです。

遠位の勝利条件に正の影響を与える近位の勝利条件

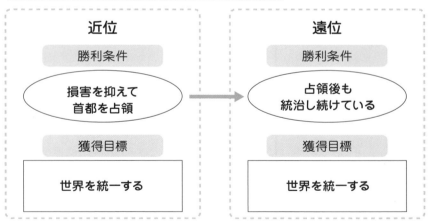

○ プロジェクトの勝利条件を見つける

　それでは、Bさんのプロジェクトに戻って、**近位と遠位の勝利条件を設定するための問いかけ**を始めていきましょう。

「会議に関する雑務の種類と時間、議論・タスク漏れが1つでも多く減り、参加者の発言や質問の質が向上している」という勝利条件の中で、「この状態にならないと、次の状態になれない」という依存関係にあるものはありますか？

　　　　　　　　　　　……ちょっとわからないです。

わかりました。では少し質問を変えますね。今の勝利条件を分けるとしたら、どのような種類・かたまりに分けられますか？

会議に関する雑務の種類と時間が減っている、議論すべきことやタスク漏れが減っている。参加者の発言や質問の質が向上している、に分けられます。

• 中間目的の依存関係を考える

中間目的の間には「この状態を実現しなければ、他の状態が実現しない」といった依存関係はあるでしょうか？

雑務の種類と時間が減るというのは主に議事録を取る人にとってのもので、他の参加者にはそれほど影響がないと思います。それが議論やタスク漏れの防止につながるかというと、つながらないでしょうし。議論やタスク漏れが防止できると参加者の発言や質問の質が向上するわけでもないので、これも依存関係にはないですね…。

依存関係はないということですね。では、3つの内容を分類するとどんなキーワードで分けられるでしょうか？

雑務の種類と時間を減らすのと、議論やタスク漏れを減らすのは「減らす」というキーワードで分類できます。

量を減らすということと、質を上げるということの2種類に分けられるということですね。では量の削減と質の向上とでは、顧客はどちらの解決を先に望んでいるでしょう？

量の削減です。この種類の機能が早くから望まれていましたし、その数も多いです。

❹施策を近位と遠位に分類する

　Bさんとの問答を通じ、顧客が早くから解決を望み、その数も多いのが「量の削減」であることから、**近位の勝利条件**を「**会議に関する雑務の種類と時間、議論・タスク漏れが1つでも多く減っている**」としました。

　また、**遠位の勝利条件**を「**会議の参加者の発言や質問の質が向上している**」としました。

　このように近位と遠位の勝利条件を分けると、量の削減に関する施策から先に行い、質に関する施策は後に回すという優先順位をつけることができるようになります。

　近位の勝利条件を見ると、まだ施策の数が多く残っています。そこで量と質とは異なる軸で、近位と遠位に分けられるものがないか探します。

　中間目的の最上段に「利用可能な環境が広がっている」があり、それにひもづく施策に「リアル会議用マイクを開発する」があります。

　kaigeeはビデオ会議を前提に開発してきたのですが、徐々にリアルな場の会議も増えてきたため、そこでもkaigeeを使いたいという要望を反映した施策です。

大企業を取るか、中小企業を取るかのジレンマ

「Teams、Webexと連携する」は、kaigeeがZoomとしか連携しておらず、営業先がTeamsやWebexを使用していたため、販売先を増やすためにBさんが追加した施策です。

Teamsを使用する企業はZoomなどに比べ大企業が多く、今後の営業展開を考えるとBさんとしては開発の優先度を高めたいのですが、大企業ほど導入までの時間がかかり、中小企業やベンチャー企業ほど導入までの時間が短いという傾向がありました。

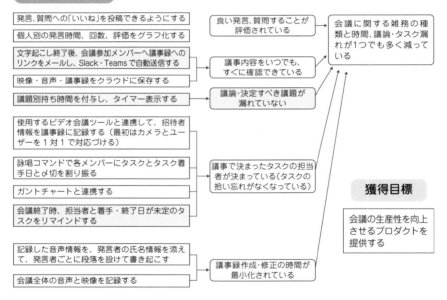

また中間目的の最下段にあるセキュリティやユーザーログに関する要望はすべて大企業からのものです。

このような状況での優先順位づけを助けるのも勝利条件です。

量の削減に関する要望は中小・ベンチャー企業からも大企業からも出ているものでしたが、質向上に関する要望は大企業からしか出ていません。そのため、「利用可能な環境が広がっている」と「クライアントのITツー

ル導入のための基準を満たしている」の中間目的と、それにひもづく施策
は後回しにすることにしました。

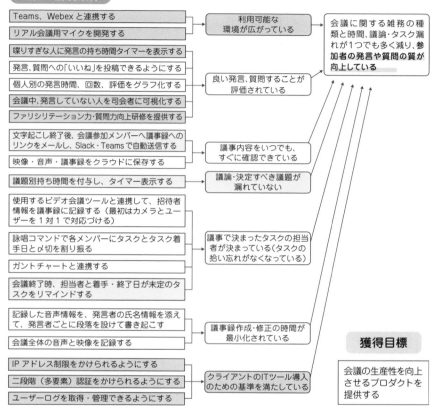

遠位の勝利条件

| Teams、Webex と連携する |
| リアル会議用マイクを開発する |
→ 利用可能な環境が広がっている

| 喋りすぎな人に発言の持ち時間タイマーを表示する |
| 発言、質問への「いいね」を投稿できるようにする |
| 個人別の発言時間、回数、評価をグラフ化する |
| 会議中、発言していない人を司会者に可視化する |
| ファリシリテーション力・質問力向上研修を提供する |
→ 良い発言、質問することが評価されている

| 文字起こし終了後、会議参加メンバーへ議事録へのリンクをメールし、Slack・Teamsで自動送信する |
| 映像・音声・議事録をクラウドに保存する |
→ 議事内容をいつでも、すぐに確認できている

| 議題別持ち時間を付与し、タイマー表示する |
→ 議論・決定すべき議題が漏れていない

| 使用するビデオ会議ツールと連携して、招待者情報を議事録に記録する（最初はカメラとユーザーを1対1で対応づける） |
| 詠唱コマンドで各メンバーにタスクとタスク着手日と〆切を割り振る |
| ガントチャートと連携する |
| 会議終了時、担当者と着手・終了日が未定のタスクをリマインドする |
→ 議事で決まったタスクの担当者が決まっている（タスクの拾い忘れがなくなっている）

| 記録した音声情報を、発言者の氏名情報を添えて、発言者ごとに段落を設けて書き起こす |
| 会議全体の音声と映像を記録する |
→ 議事録作成・修正の時間が最小化されている

| IPアドレス制限をかけられるようにする |
| 二段階（多要素）認証をかけられるようにする |
| ユーザーログを取得・管理できるようにする |
→ クライアントのITツール導入のための基準を満たしている

→ 会議に関する雑務の種類と時間、議論・タスク漏れが1つでも多く減り、参加者の発言や質問の質が向上している

獲得目標

会議の生産性を向上させるプロダクトを提供する

○ 最適なあいまいさで計画する

近位と遠位に勝利条件を分けてプロジェクトを進める利点は、**近位の勝利条件を実現するために認知のリソースを集中させられる**ことです。

裏を返せば遠位のことは頭に残しつつも、いったん考えを留保するということです。必然的に近位の勝利条件の方に情報が集まり、遠位の方はあいまい・漠然となっていきますが、それで何も問題もありません。

実際、近位の勝利条件を実現しようとプロジェクトを進めていくなか

で、初めてわかったり、想定していなかったことに遭遇したりします。

　そうすると、遠位の勝利条件を微調整したり、時にはガラリと変える必要が出てきますが、遠位の勝利条件を厳密に詳細に計画しようとすると、却って現実に合わないまま計画を推し進めてしまうことにもなります。

　未来とは「まだ来ていないもの」なので、変化する可能性があります。また、遠位の勝利条件が間違っている場合、近位の勝利条件を進めているうちにその間違いが判明し軌道修正した方が、修正は容易で損失は少なく済みます。

　何もかもがあいまいなままプロジェクトを進めるのは論外ですが、あいまいさを許容しつつ、遠くを見据えながら状況に合わせてプロジェクトを進めていく方法を、**「最適なあいまいさ**（optimal fuzziness）」もしくは、**「最適な見過ごし**（optimal ignorance）」といいます。

　遠位の勝利条件を見据えつつ、近位の勝利条件の実現を目指して進めていくうちにわかったことや起きたことを契機・素材とし、プロジェクトの進め方を「編集」「デザイン」していく、という心持ちで進めてください。

　この進め方は、計画をどこまで読み切っていいかわからない、どこまで行く末を展望していいかわからないという悩みにも使うことができます。

勝利条件の設定の仕方

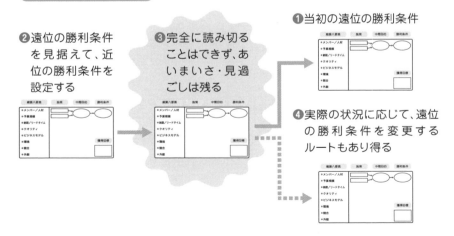

❷遠位の勝利条件を見据えて、近位の勝利条件を設定する

❸完全に読み切ることはできず、あいまいさ・見過ごしは残る

❶当初の遠位の勝利条件

❹実際の状況に応じて、遠位の勝利条件を変更するルートもあり得る

04 トレードオフを判断できない

○ トレードオフを判断する難しさ

優先順位をつけること以上に難しいのが、**トレードオフ**の判断です。プロジェクトでは、**有形無形の成果物の品質（Quality）、お金（Cost）、納期（Delivery）** のいわゆる「**QCD**」のトレードオフが多くのプロマネを悩ませています。

Quality（品質）

3要素はトレードオフの関係

Cost（コスト）

Delivery（納期）

品質を上げようとすればお金と時間がかかり、納期を早めようとすれば品質が下がり、予算を下げようとすれば品質が下がるという関係にあり、**すべてを満たすことは難しいというものです。**

トレードオフの項目は他にも安全性や壊れにくさ、使いやすさや保守・メンテナンスのしやすさなどがあり、自分たちが何を重視するかによってプロジェクトの計画の立て方と進め方が変わってきます。

すべての要素を最高水準で満たしたい気持ちと所与の条件と格闘しながら、無理なくバランスの取れた計画をつくるのは簡単ではありません。

まずはこの難題に取り組む練習から始めましょう。

○ ドリル：オレゴンに到達するための方針を決定せよ

みなさんは19世紀のアメリカに暮らしています。生活は厳しく、先行きが見通せないなか、アメリカ西部のオレゴンに行くと、**土地を無償で開拓できる**というチャンスが到来します。

この機会に新天地で一旗揚げようと考えたみなさんは、まだ鉄道も敷設されていない全長3,200km、徒歩で約6ヶ月かかる道のりを、家族を伴って移動することにしました。

このプロジェクトでは以下のことを決定しなければなりません。

> ❶いつ出発するか？（いつ到着していたいか？）
> ❷どのくらいの速度で進むか？
> ❸どの装備・荷物を、どのくらい持って行くか？

これらを決定するうえで、「あっちを立てればこっちが立たない」**トレードオフが存在**します。

みなさんはこのプロジェクトに存在するトレードオフをよく理解して、「このような方針で移動するよ」という方針を愛する家族に説明して納得してもらわなければなりません。

トレードオフの要素と関係を整理する

トレードオフを判断するためには、プロジェクトにどのような要素が存在していて、どのようなトレードオフの関係にあるのかを整理する必要があります。

この要素の洗い出しと関係の確認の道具として**プ譜の中間目的**が使えます。このプロジェクトには大きく、3つの要素があります。

> ❶ 移動距離・速度　　❷ 食事・健康　　❸ 身の安全

これらの要素を**中間目的に記述**します。

中間目的は「要素という箱がどのような状態で満たされているか？」と

いう概念を表すもので、各要素の状態は空欄にしています。それぞれの状態をどのように実現したいか？　によって選択する施策が変わります（P100のプ譜を参照）。

❶ 移動距離・速度の要素

　移動距離・速度の状態はどの手段（家畜）を選ぶかによって、1日の移動距離が変わります。約6ヶ月にわたる旅程の食料や開拓地に着いてから使用する農具、必要最低限の生活用品など多くの荷物は幌馬車に載せて家畜に運んでもらいます。家畜には牛、馬、ラバという選択肢があり、それぞれ一長一短があります。

　例えば、速度を重視するなら馬が良いですが、多くの飼料が必要で購入費用も高いです。最も安いのは牛で持久力も高いですが速度は遅いです。ラバは持久力が最も高く、飼料も馬のように多くを必要としないコスパにすぐれた手段ですが、速度という点ではどうしても馬に引けを取ります。

❷ 食事・健康の要素

　この状態は、「食事の時間をどう過ごしていたいか？」「どんな栄養状態であるべきか？」ということが問われます。

　単調な食事を嫌うなら、食品や調味料の種類は多く持っておきたいです。オレゴンに向かう途中では野生のバッファローの群れを狩猟することで肉を得ることができたり、途中の交易所で食品を購入・交換したりすることができます。

　狩猟の腕に自信がなければ、できるだけ食糧は積み込んでおくべきですが、積み荷が重くなるほど移動速度は遅くなります。

　積み荷が重くなると、舗装されていない道がぬかるんでいたとき泥に車輪をとられてしまったり、故障のリスクが高まります。

❸ 身の安全の要素

　身の安全の要素は「どこまでリスクを冒せるか（許容できるか）？」が問われます。速度を重視するならオレゴンまでの道程は一家族で進んだ方が速いですが、道中で先住民に襲われるリスクが上がり、家族に病気やケ

ガがあったときに誰も助けてくれる人がいなくなります。

　また、道中の護身や狩猟のために鉄砲を持っていきますが、自分や家族が鉄砲の扱いが下手であれば、複数の家族でオレゴンに向かうカンパニー（集団）を組みます。カンパニーの規模が大きくなるほど、これらの身の危険のリスクは下がりますがその分スピードは遅くなります。

　これらの要素に加えて考えるべきこととして、到着時期が早ければ開拓地のうち日照や水はけなどの条件が良い土地を先に得ることができますが、遅ければ条件の良い土地は得られなくなる可能性があります。

　これらのトレードオフを理解したうえで、みなさんはどのように勝利条件を表現し、そのために3つの要素をどのような状態にするべきと考えるでしょうか？

オレゴンに向かうためのプ譜

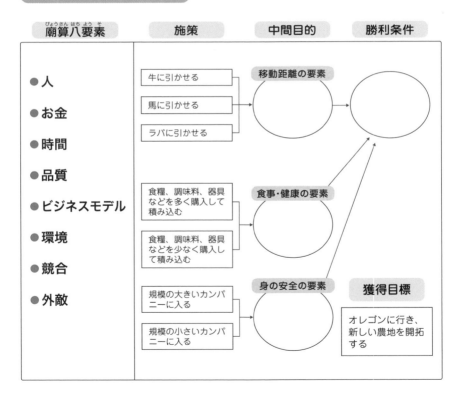

種類	値段	盗難リスク	飼料	持久力	速度
雄牛	安	低	少	高	遅
馬	高	高	多	中	早
ラバ	中	低	少	超高	遅

この演習には正解はありません。

みなさん自身が「どのようにオレゴンの地に到着していたいか?」という勝利条件から逆算して、そのためには「いつ出発すべきか?」、各要素が「どうあるべきか?」を考え、「どの手段を選択したとき、何を諦め・求めるのか?」がわかっていれば演習は成功です。

これはあくまで一例ですが、「できるだけ早くオレゴンに着いて条件の良い土地を得ている」という**スピード重視の勝利条件**にすると、移動距離を稼げる馬、食事の種類・バリエーションは最低限にし、規模の小さいカンパニーに入るという選択をすることになります。

この勝利条件が、「スピードを最優先にして早く目的地に着く」ことと引き換えに、食事の楽しみは諦め、**身のリスクは許容するというトレードオフの判断基準**になります。

勝利条件が決まってトレードオフの判断基準が明確になったとしても、その基準の範囲内でできる工夫があります。

身の安全がどうしても心配なら、鉄砲を扱う技術を向上させるという施策が取れますし、お金を工面してハンターを雇うという施策を採用できるかもしれません。

 ☑ Point　勝利の条件とトレードオフ

勝利条件はプロジェクト計画を立てる際の方針になり、トレードオフの判断基準になる

トレードオフを構造化して判断しやすくする

kaigeeで使用するカメラとマイクはBさんの会社のノウハウと技術を活かしたものです。

カメラはビデオ会議中の表情を美しくキメ細かく撮影し、マイクは周囲の環境音や異音を拾わずにクリアに録音できます。

以下はカメラとマイクを任されている開発部門の担当者の特徴です。

- プロ用製品の開発に携わっており、技術力は高い
- 品質に対するこだわりが強い
- 新事業メンバーに選ばれてモチベーションが高い
- 得意分野のカメラとマイクの品質を少しでも高めたい

カメラの映像は高解像度になるほど、データの容量が大きくなりデータをクラウドにアップロードするのに時間がかかります。そうするとクラウド上に保存する費用もかさみます。

Bさんとしては、運営コストは低く済ませたいですが、長年プロ仕様の映像機器で名を馳せてきた会社のブランドイメージを損ねないためには、映像に関する品質も大事にしたいと考えています。

映像の品質を高めようとするほどお金がかかり、作業スピードが遅くなってしまうという**トレードオフ**があります。これは、プロジェクトマネージャーのBさんと現場担当者で衝突が起きかねない状況です。

こうしたトレードオフを判断しやすくするのが、**プ譜による構造化・可視化**と、**設定した勝利条件**です。

「映像の品質をどこまで求めるのか？」の**判断基準**になるのが、中間目的に記載した**「議事内容をいつでもすぐに確認できている」**です。

廟算八要素には「当初、kaigeeに求めた（必要とした）品質」情報を記載していますが、「すぐに確認できている」ことが勝利条件の実現にとって重要であれば、「すぐ」の程度を決めることで、映像に求める品質の程度を決めることができます。

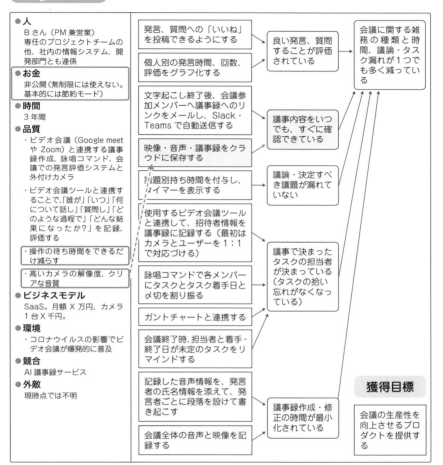

プ譜でプロジェクトに関わる諸要素を構造化し、情報間の関係を目で追ったり線で囲ったり書き込んだりすることで、**高画質の映像がプロジェクトにとって必要な中間目的の状態ではない**ことがわかりやすくなります。

また、勝利条件は「会議に関する雑務の種類と時間、議論・タスク漏れが1つでも多く減っている」と表現しています。

「雑務の種類と時間を減らす」ことが成功の定義であるなら、映像の品質はそれと衝突・矛盾しない程度におさめなければなりません。

トレードオフの判断基準、品質の基準をメンバーと共有する

　プロジェクトの一部の業務や部分のプロジェクトを任されている人は、自分の仕事の質を高めることに意識が向きがちです。

　任された仕事に長年の経験や知識のある人であれば、それに対する自負やこだわりが強くて当たり前です。

　また、品質を高めようとすることそれ自体は悪いことではありません。むしろ品質向上に取り組むのが通常です。しかし、それが**プロジェクト全体にとって良いとは言えない場合がある**のです。

　全体のプロジェクトを任された人が注意すべきことは、こうしたメンバーの技術や経験をプロジェクトにとって意味のある、全体の成果につながるむように調整・設計することです。

　そして、**プロジェクトの方針（勝利条件）と求める品質をきちんとメンバーに説明・共有する**ことです。

構造化・可視化でメンバーの理解や納得を得やすくする

　方針や求める品質の基準をメンバーに説明する際は、口頭で説明するより**プ譜で構造化・可視化**し、文字とイメージで見てもらう方が、メンバーが理解や納得が得やすくなります。

　リーダーやマネージャーが独断で決めるのではなく、プロジェクトメンバーと一緒にプ譜をつくると、さらに理解が深まり、早く納得してもらえます。この方法は第4章で解説します。

◯ 品質が異なると必要な作業量や方法が変わる

　品質の追求はトレードオフの判断を難しくさせるだけでなく、プロジェクトの進め方にも影響を与える悩ましいものです。

　品質とは、製品やサービスが持つ特質・性能のことです。

　家電製品であれば耐久性や故障のしにくさ、掃除機であれば吸引力、コードレス掃除機なら充電時間など、システムであれば操作性（わかりやすさ）や快適性（速度）などです。

品質は製品の利用価値によって変わる

　求められる品質には基準や程度がありますが、これはプロジェクトの勝利条件によって変わります。言い換えれば、**プロジェクトの成果物がどのような価値を利用者に提供するかで変わります。**

　品質が異なると、プロジェクトの進め方も大きく変わってきます。

　リーダーやマネージャーが「みんなわかっているだろう」と思い込んだり、メンバーの認識が異なっていることに思い至らず、きちんと説明をしていないと、**メンバー間で求める品質についての認識のズレ**が生まれてしまいます。

　そのまま進めると、プロジェクトに関わる資料や製品のプロトタイプなどができあがってきてから、以下のような問題が起きる可能性が高まります。

> - こんな品質は求めていなかった
> - この品質を実現するのにこんなにコストがかかると思わなかった

　それまでにかけてきた時間とお金を取り戻すことはできません。

　かかわったメンバーのやる気・士気も下がり、メンバーからの信頼を失いかねません。限られた人手と時間、お金をやりくりしてプロジェクトを進めなければならない立場としては、このような事態はなにがなんでも避けたいところです。

人気の海外メーカーに負けない掃除機つくろう！

軽くて使いやすいが大切!!

何かちがう！！軽量化でコスト高すぎ…

吸収力が良くて軽くて完璧！値段は高いけど…

企画

開発

NHK人類誕生のCG制作エピソード

　求める品質によって必要な作業量や方法が変わることを理解しやすい題材に、NHKが放映した『人類誕生』があります。

　サルからヒトへの進化をCGでドラマ化するという特番で、当時国内では圧倒的な高精細のCGをつくることで有名だったスクウェア・エニックス社にCG製作を依頼しました。

　制作会社との打合せでつくりたいもののイメージを伝え、完成したCGを待っていますが、期日をすぎてもCGが納品されてきません。

　たまりかねて遅れの理由を尋ねると、ゲーム制作会社からは、「台本に詳しく情報が書かれていないので、制作が進められない」というのです。

　例えば、「サルが森の中を移動して果物を片手で食べている」というシーンなら、「森の大きさ、その樹は針葉樹なのか広葉樹なのか？　移動は朝か昼か夕方か？」「果物はリンゴかオレンジか？　どのくらい熟れているのか？」など、すべてを細部にわたって指定しなければ、指が果物に食い込む度合いや影の動きなどを表現できないわけです。

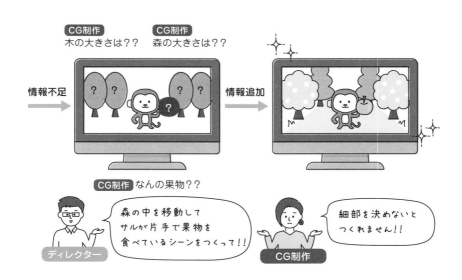

また高精細なCGを放送日までに間に合わせるには多くの人手が必要です。しかし台本がつくり込まれていないために作業スタッフに待ち時間が発生してしまうと、その分のコストが垂れ流しになります。スケジュールも後ろ倒しになってしまいます。

　この番組制作プロジェクトを任されたディレクターさんは、CGを番組で使うことについて未経験ではありませんでした。

　ニュース番組で事件の様子などを簡単なCGで再現することがあり、ニュースキャスターが読む原稿やVTRに表示するテロップといった情報に合うようにCG製作スタッフに指示を出しておけば、いい感じに仕上げてくれていました。

　しかし、ニュース番組のCGでは、時間はいつか？　ということや物の固さなどはテロップで表現すればよく、指摘されたような細かな指示を出すということをしていませんでした。

　この仕事の進め方のズレが判明して以降、方法をすり合わせて急ピッチで作業を進め、なんとか放映日に間に合わせることができました。

同じ言葉の異なる意味に気をつける

　ある言葉の「音」が他者に通じると、使用している言葉の「意味」が他者と異なるという疑念を持ちづらくなります。

　CG制作という表面上の「音」は双方通じていても、追求している品質、持っている常識といった「意味」がずれていることに気づかないと、『人類誕生』のような事態を引き起こしてしまいます。

言葉の「自動化」と「異化」

　このような問題を未然に防ぐための原則が、**「使用する言葉の意味を確かめよう」**です。

　この原則を補強するために、**言葉の「自動化」と「異化」という概念**を紹介します。この概念はロシアの思想家であり言語哲学者でもあったミハイル・バフチンが唱えたものです。

- **言葉の自動化**…人々が仕事をしたりコミュニケーションをとったりするときに、使用する言葉の内容や意味について深く考えず、自動的に意思交換が可能な認識・意識のこと
- **言葉の異化**…言葉の内容や意味について多面的に考え、慎重に意思交換を行う認識・意識のこと

　言葉が自動化されているとき、言葉そのものに対する注意をほとんど向けることなく、無自覚に使用しています。

　自動化されているということは、その言葉をそのまま使って問題がないということです（自動化された言葉は、**ジャーゴン＝仲間うちにだけ通じる特殊・専門用語**としても知られています）。

　ルーティンワークでは、より早く正確であることが望まれるため、言葉は自動化されていなければなりません。

　しかし、ルーティンワークと異なり、多くのことが未知で決まっていないプロジェクトでは、一度すべての言葉を異化するという心構えになることをおすすめします。

　言葉にいちいち注意しながら、仕事を進めようとするのは時間のかかることですが、それを怠って後から求めた品質とできあがってきた品質に乖離（かいり）があり、もう一度やり直す時間に比べればずっと少なく済みます。

どこまで指示を出し、管理すればいいかわからない

◎ 一人ですべての情報を見て、意思決定はできない

プロジェクトを任されてしまった人の大きな悩みの1つが、**プロジェクトメンバーの管理**です。

ここでいう管理とは、以下のようなことを指します。

- メンバーがするべき仕事を期限・要求通りにできているか
- やってはいけないことをしていないか（ルール・法律の順守など）

メンバーを管理するためには、メンバーの正しくて新しい情報が必要です。正しい情報かどうかは自分の目で観察することが一番です。

求める品質通りの成果物をつくるには、その作業の熟達者であれば、自分でやった方が確実です。

しかし、プロジェクトの規模が大きくなり、仕事の量と人数が増えれば、すべての状況を自分の目で確かめることや作業を自分で行うことはできなくなります。

リモート参加のメンバーや異なる会社のメンバーが多くなれば、デスクに集まって進捗状況を確認することもできません。

時空間の共有は意思決定のスピードに関わる

毎日、メンバーと同じフロアで時空間を共にしていれば、同じ目標を認識しながら話し合い、指示することができ、決定の速度は速くなります。

しかし、離れた場所、異なる時間帯での業務になると、相互の意思確認がしづらくなり、個別に状況を見て判断しなければならなくなります。

すべての意思決定をリーダー1人で行うことは可能ですが、意思決定を

待たされている業務に滞りが生じます。

　待たされているメンバーには不満や不安が生まれ、最悪、メンバーの責任の放棄を助長してしまいます。

◎ 行きすぎた報告や確認にはデメリットも

　メンバーを信頼して任すことができず、指示出しもできないとなると、不安解消のために頻繁にホウレンソウを行わせることがあります。これはこれで弊害があります。

　上がってきたホウレンソウのすべてに目を通すことはできず、「そんなことは自分で決めてよ」という相談もあります。

　メンバーはホウレンソウの作業に時間を奪われてしまいます。管理することがメンバーの仕事の妨げになっては意味がありません。

　与えられている時間も認知能力も知識も技術も有限です。現場に近い階層のメンバーで意思決定し行動できるように権限を委譲することが、有限なリソース下で採用できる解決策となります。

　そのためには次の２つのことが必要です。

> ● メンバーが自分の頭で考えられるようにする
> ● そのための権限を委譲する

◎ 入れ子構造で、部分の意思決定を行える設計にする

　メンバーが自分の頭で考えられるようにする方法を、読者のみなさんは既に第１章で見ています。

　Ａさんの展示会出展プロジェクトは、Ｂさんのkaigee全体のプロジェクトの施策のうちの１つでした。

　Ｂさんの全体のプ譜とＡさんの部分のプ譜の関係は「**入れ子構造**」で表現できます。

　入れ子構造とは、あるものの中にそれよりも小さいものが入っている構造のことで、建築やプログラミングで使われている用語です。

　Ａさんは、カウンセラーの問いかけとプ譜の力で、自分の頭でプロジェ

クトの進め方を考え、自分の言葉で表現できるようになりました。Bさんにとってはあいまいな勝利条件になっていた展示会プロジェクトを、Aさんがより良いものに仕上げてくれています。

入れ子構造のプ譜

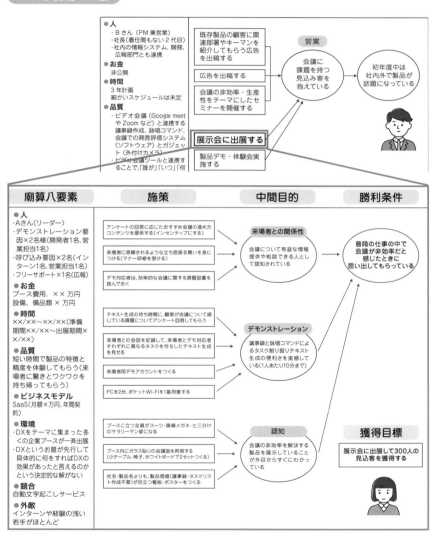

入れ子構造の特徴は、プ譜が紙やシート1枚で表現されているので、その階層のプ譜の持ち主が必要とする情報だけをすぐに確認できる点です。

そもそも階層が異なれば見たい・見るべき情報は異なります。

地図アプリで目的地までの距離を測り、中継地点をどこにするのかを考えて大まかなルートを決める人と、実際にその道を歩く人とでは、その意思決定や行動のために必要な情報量や種類は異なるのと同じ理屈です。

地図を例にとった、異なる情報の粒度・質のイメージ

紙やシート1枚で表現できる情報の限定性を逆手にとり、担当者、チームによって見るべき情報の粒度・量を変えて、**認知負荷を最適化**します。

部分と全体のつながりも同時に把握できるのが**プ譜の入れ子構造表現のメリット**です。

分権と分散でチームを設計する

プ譜の入れ子構造は認知負荷の分散化を促すと同時に、意思決定の分権化を要求します。入れ子構造で表現することが、意思決定の影響がどの階層・どの部分に及ぶのかということをわかりやすくします。

影響が1つの部分内で完結するような意思決定は、その階層・部分で行

112

われるべきです。

　他の部分に影響を与えるような意思決定は、影響について十分な検討を行い、より高いレベルで行うか、影響を受ける部分の担当者と協議をすればよいのです。

　常にPMが意思決定を行わざるを得ないようなプロジェクトチームは、チーム設計が間違っているといわざるを得ません。プ譜の階層に応じた意思決定の権限を、そのプ譜の担当者に与えましょう。

○ 意思決定の基準を明確にする

　意思決定を低い階層・現場で行うためには、自分で考えることと権限移譲に加えてもう1つ大事なことがあります。

　それは「**意思決定のための基準**」です。

　権限を低い階層に委譲したとしても、全体の目標や状況に合わない意思決定がなされる可能性もあります。

　この良い先例として戦史に出てくる「**委任戦術**」があります。

　委任戦術とは、1858〜1888年にかけて、プロイセン軍の参謀総長を務めたモルトケによって明文化された軍の指揮・統率方法であり哲学です。

　その内容は、上級指揮官が現場の下級指揮官に対し、全般的な目的と目標、方針だけを記した「訓令」のかたちで命令を下すのにとどめ、**戦場での具体的な行動は、現地の司令官に任せる**というものです。

　訓令を受けた下級指揮官には権限が与えられ、上級指揮官の企図の範囲内で与えられた目標を達成するための方法を自分で決定し実行します。

　これまで自分で考えて決定したり、機会を与えられていなかったプロジェクトメンバーにとっては、自分で決める自信や安心が得られません。

　また、好き勝手に判断し、自由気ままに暴走してしまっては目標の実現がおぼつかなくなります。

　モルトケは教範（教示指導の手本）に、「下級指揮官が上級指揮官の意図を理解して、上級指揮官の意図の範囲内で、**より良く任務を達成する場合に限り、独断を許容する**」という意味のことを記しています。

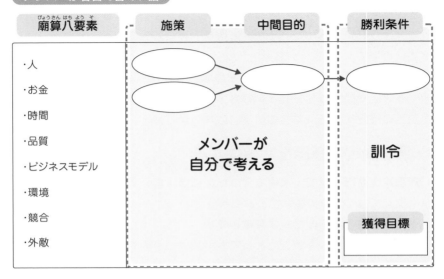

メンバーが各自で書くプ譜

廟算八要素（びょうさんはちようそ）	施策	中間目的	勝利条件

・人
・お金
・時間
・品質
・ビジネスモデル
・環境
・競合
・外敵

メンバーが
自分で考える

訓令

獲得目標

意図の理解をプ譜で確認する

　プロジェクト計画の意図をプロジェクトメンバーが本当に理解しているかをPMが確かめるにはどうしたらいいでしょうか？

　この答えは、**獲得目標だけを渡してメンバーにプ譜を書かせ、その内容をメンバーに説明させ合意する**ことです。

　意図を理解しているかどうかは、与えた目標と勝利条件を実現するための計画をどのように立てているのかを説明させることで確かめることができます。

　プ譜には自分で考えることを誘発する問いが埋め込まれた構造になっています（P115参照）。

　説明できるようになるには、自分の頭で考えるという過程を経ていなければなりません。

　中間目的や「この方法をこのように使いなさい」という施策は与えず、メンバーが自分自身で考えるべきです。

　メンバーが考えることを助ける問いかけは、本書のカウンセラーとの問

いかけパートや、巻末の問いかけリストを参照ください。

○ 人間は自分が考えて、決めたことしか責任を取れない

もしPMに確固とした勝利条件があるなら、獲得目標と勝利条件を渡しても良いですが、勝利条件を押しつけられたと感じると、メンバーは自分で考えることにも、決めることにも積極的になれません。

最初は勝利条件は伏せておいて、メンバー自身に考えさせることを推奨します。

そこで出てくる勝利条件の表現にPMとメンバー間で差異があれば、互いの表現を擦り合わせて、より良い一つの表現にしていきます。この擦り合わせの際にも、勝利条件の巻末の問いかけリストが使えます。

勝利条件は意思決定をするときの基準になる重要なものです。この擦り合わせと勝利条件を一つにして合意しておかないと、メンバーがPMの意図を無視した決定をしてしまうリスクを抱えることになり、**あいまい・多義性症候群**の原因にもなってしまいます。

プ譜と問いかけ

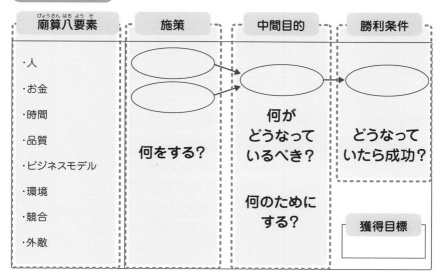

ギリシア語の「αιτια（アイティア）」は「原因」を意味し、同時に「責任」を意味する言葉でもあります。

　自分がその原因になることには責任を伴います。人間は自分で考えて、決めたことしか責任を取れません。

　私たちが考えていることは、声に出して語り、文字や図にすることで初めて明確に相手に伝わる形をとります。

　相手に説明するということは、通じる言葉、わかる言葉を探し、選び、口に出し届けることです。

　そうして初めて自分にも相手にも、どのようにプロジェクトを進めていくかが明確になり、プロジェクトを任せた人が本当にわかっているかどうかを確かめることができます。

　そのための道具として、**プ譜**と**問いかけのリスト**を使ってください。

第 **3** 章

分業する部分間の 辻褄の合わせ方

共通のゴールに向かってみんなが手分けをし、それぞれの仕事を頑張っているのに、スケジュールに遅れが出たり、他のメンバーに迷惑をかけてしまったりして、プロジェクトが計画通りにうまく進んでいきません。

この章では、メンバーと共にプロジェクトを進めるうえで起こりやすい問題とその対処方法を紹介します。

#探索実行　#部分と部分　#分業　#他者との協働　#アパルトヘイト症候群　#縦割り・分業症候群　#俯瞰不全症候群　#コミュニケーション不全症候群　#キャンベルの法則　#定量指標の弊害　#後天性蛇足・転変症候群

01 取り上げるプロジェクトの特徴と登場人物

　この章では、仮説を更新して目標に近づけていく**探索・実行期に入った**「**全体を構成する部分間のプロジェクト**」の進め方を扱います。

　プロジェクトを動かしてみると、仮説・計画期では見落としていたことがわかったり、実行した施策が思わぬ結果を招いたり、管理しようのない想定外の出来事や環境の変化が起こったりします。

　すべてが予定通りにいくということはありませんが、予定通りにいかない主な原因の一つが「**他者**」の存在と他者との「**分業**」です。

　他者の存在と分業が、予定通りにいかない原因となるかどうかは、「**共通の目標を実現するために、どのような過程を経て分業を決めたか？**」によります。

　本章では他者と分業してプロジェクトを進める難しさと起こりやすい問題を、

- 情報共有・コミュニケーション不足
- 定量指標の弊害

という2つの視点から解説していきます。

　それを解説する題材として、第1章の展示会プロジェクトの延長となる「**見込客育成プロジェクト**」を取り上げます。

　イベント出展で集めた名刺に対して、メールに掲載するコンテンツを作成・配信し、電話をかけてアポイントを獲得するという一連の流れの業務を、メンバーが手分けして行うというものです。

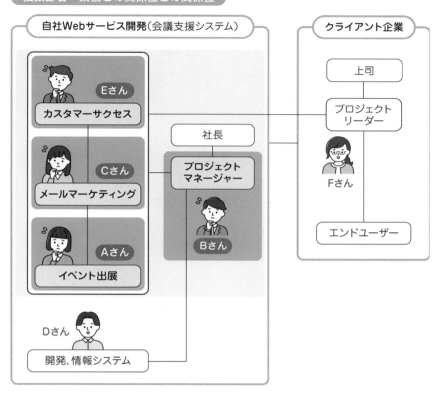

複数部署・業務との関係性との関係性

自社Webサービス開発（会議支援システム）

- Eさん カスタマーサクセス
- Cさん メールマーケティング
- Aさん イベント出展
- 社長
- プロジェクトマネージャー
- Bさん
- Dさん 開発、情報システム

クライアント企業

- 上司
- プロジェクトリーダー
- Fさん
- エンドユーザー

今回の登場人物

Cさん	Aさん	Bさん	Eさん
入社10年目。社内Webデザイナーとの兼業	テレアポを引き続き任される	サービスのPM。営業も行う	製品の活用を支援するカスタマーサクセス

02 取り上げる症状や原因、その予防策・対策

主な症状と原因

- 業務間の段取りが悪くて遅れてしまう（コミュニケーション不全症候群）
  - 関わるメンバー間の情報共有が不十分
  - 分業した業務に要する時間とタイミングの認識が、メンバー間でズレている
- KPIは達成しているのに最終的な目標が実現されない
  - KPIしか設定していない
  - 間違ったKPIを設定している

※KPI（Key Performance Indicator）：重要業績評価指標。目標達成に向けたプロセスで、達成度合いを計測・監視したりするための定量的な指標。

予防策・対策

- プロジェクトに関わる要素の前後関係や依存関係を可視化・把握してメンバー間で共有する
- 定量指標に加えて定性指標も設定する

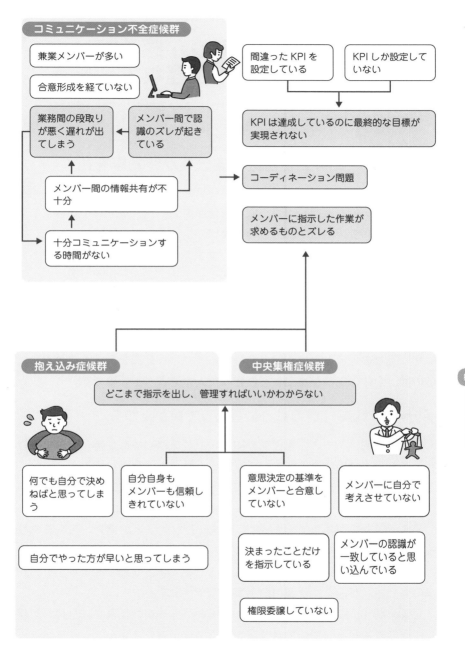

コミュニケーション不全症候群

兼業メンバーが多い

合意形成を経ていない

業務間の段取りが悪く遅れが出てしまう ← メンバー間で認識のズレが起きている

メンバー間の情報共有が不十分

十分コミュニケーションする時間がない

間違ったKPIを設定している

KPIしか設定していない

KPIは達成しているのに最終的な目標が実現されない

→ コーディネーション問題

メンバーに指示した作業が求めるものとズレる

抱え込み症候群

中央集権症候群

どこまで指示を出し、管理すればいいかわからない

何でも自分で決めねばと思ってしまう

自分自身もメンバーも信頼しきれていない

意思決定の基準をメンバーと合意していない

メンバーに自分で考えさせていない

自分でやった方が早いと思ってしまう

決まったことだけを指示している

メンバーの認識が一致していると思い込んでいる

権限委譲していない

業務間の段取りが悪くてスケジュールが遅れてしまう

○ 効率化・質向上を期待する分業が非効率を招く

プロジェクトでは目標実現に向け、仕事内容とメンバーの適性、使える時間などの条件を考慮しつつ、様々な仕事をメンバーに任せていきます。

メンバーが受けもつそれぞれの仕事は、全体の中の一部分です。そして次の誰かのための仕事であり、また、誰かの仕事を受けて行う仕事でもあります。

第2章5節で「階層が異なれば見たい・見るべき情報量は異なる」ことに言及しましたが、一部分の仕事を任されている人が、全体を見渡すのは難しいものです。

それぞれの部分をうまく組み合わせる、つまり**分業をうまく成り立たせるのは、全体のプロジェクトを任された人がやるべき仕事**です。

手分けすれば、1つのことに習熟して質が上がる

分業の目的は、一人の負担を分散させたいだけではありません。**手分けすることで1つの仕事に集中して習熟し、質を上げたいから**です。

企業で行われる一般的な製品の製造・販売であれば、商品を考える仕事（企画）、商品をつくる仕事（設計・製造）、つくった商品を検査する仕事、商品を売る仕事（販売）、購入者をサポートしたりメンテナンスをしたりする仕事などに分業しています。

それぞれの仕事に習熟し工夫を重ねることで学習効果が高まり、その作業のスピードが速くなり質の向上が期待できます。

企画、制作・製造、検査、販売、支援という一連の仕事を、全員が最初から最後まで担当していては分業をする意味がありません。

ところが、より効率的により良い成果を生み出すための分業が期待した

効果を下回ってしまうことがあります。

　未知のプロジェクトでは、磨き込まれて無駄のないワークフロー（業務の流れ・工程）やマニュアルがありません。

　そんなときに陥りやすい分業の問題を、いくつかのドリルとストーリーで予防しておきましょう。

○ ドリル：できたてミートパスタを分業して提供せよ

　みなさんは高校の学園祭で、クラスメイト数名とミートソースパスタの屋台を出すことになりました。

　材料は事前に購入しておき、お客さんに提供するまでの仕事を以下のように分業することにしました。

> 野菜のカット ➡ ミートソースづくり ➡ パスタの茹で上げ ➡ ソースとパスタを和える ➡ 皿を温める ➡ 盛りつける ➡ お客さんのテーブルに運ぶ

　寒い時期に出店するので、できたての熱々を食べていただきたいと考えましたが、屋台内には火の元を1つしか置けません。

　これではソースをつくった後にしかパスタを茹でることができず、ソースが冷めてしまいます。

　屋台と少し離れた調理室にコンロがあるので、お互いの作業を直接目視できませんが、離れて作業することになりました。

　離れて作業するにあたり、パスタが茹で上がったのにソースができていないとか、パスタとソースを和えたのに皿が温まっていないということがないように、互いの作業時間も細かく調整しました。

　ソース、パスタ、皿という3つの仕事をそれぞれ1人が担当します。

　お客さんの席に料理を運ぶまでの全体の想定時間は15分です。ソースづくりが一番時間がかかるので、11時45分から一番最初に調理室でつくり始めます。

　そこから5分後に屋台でパスタを茹で始め、茹で上がりとソースのでき上がり時間を揃え、できたソースを屋台に運んで混ぜ合わせ、最後に温かい皿に盛りつけます。まったく無駄な時間のない計画の完成です。

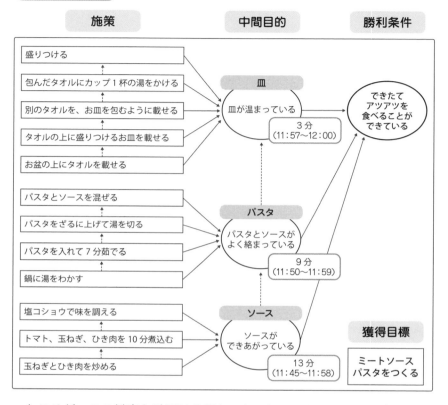

元の計画のプ譜

施策　　　　　　　中間目的　　　　　勝利条件

盛りつける

包んだタオルにカップ1杯の湯をかける

別のタオルを、お皿を包むように載せる

タオルの上に盛りつけるお皿を載せる

お盆の上にタオルを載せる

皿
皿が温まっている
3分
（11:57〜12:00）

できたて
アツアツを
食べることが
できている

パスタとソースを混ぜる

パスタをざるに上げて湯を切る

パスタを入れて7分茹でる

鍋に湯をわかす

パスタ
パスタとソースが
よく絡まっている
9分
（11:50〜11:59）

塩コショウで味を調える

トマト、玉ねぎ、ひき肉を10分煮込む

玉ねぎとひき肉を炒める

ソース
ソースが
できあがっている
13分
（11:45〜11:58）

獲得目標

ミートソース
パスタをつくる

　ところが、この緻密な計画は些細なことでほころんでしまい、熱々のパスタを提供できなくなってしまいました。

　みなさんに考えてほしいのは、書き出している施策のうち、「**どのようなことが原因で、どの要素にどんな状態の変化が起き、その結果パスタの提供時間が遅れたのか？**」を、いくつも想像してみることです。

提供時間が遅れた要素と状態例

- ホールトマトが売り切れで生のトマトで代用し、「みじん切り」にする作業が発生した

- トマトが固いため煮込み時間が余計にかかった

- パスタの麺が指定した太さよりも太く、茹で時間が長くかかった

124

生のトマトを買ったことが原因の場合、それによって起きる変化を表したのが次ページのプ譜です。

不要だったトマトをみじん切りにするという施策の追加は、単純に与えられていた作業時間を超過させます。この作業時間の超過によりパスタと皿が冷えてしまいました。

パスタの茹で上がりの時間にソースができていないため、パスタが「冷えている」という状態になります。

同じく皿も一度温めたものが「冷えている状態」という望ましくない（あるべきではない）状態になってしまいます。

このように**「ある要素（仕事）が他の要素（仕事）の影響を受ける関係」**にあることを、**「相互依存」「依存関係」**といいます。分業が進むほど相互依存の度合いが高まります。

そして、より良い結果を望むための分業が、事前の情報共有やすり合わせ不足が原因で好ましくない結果を招きがちになります。

分業のポイント（例：パスタを作る）

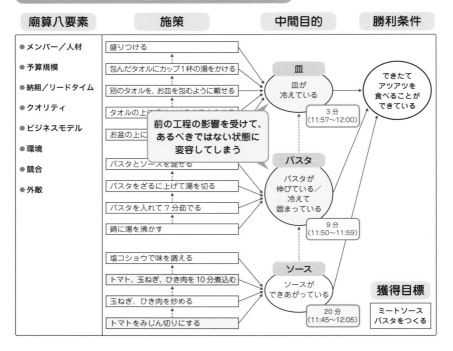

「あるべきではない状態」に変容してしまったプ譜

廟算八要素
- メンバー／人材
- 予算規模
- 納期／リードタイム
- クオリティ
- ビジネスモデル
- 環境
- 競合
- 外敵

施策
- 盛りつける
- 包んだタオルにカップ1杯の湯をかける
- 別のタオルを、お皿を包むように載せる
- タオルの上に
- お盆の上に
- パスタとソースを混ぜる
- パスタをざるに上げて湯を切る
- パスタを入れて7分茹でる
- 鍋に湯を沸かす
- 塩コショウで味を調える
- トマト、玉ねぎ、ひき肉を10分煮込む
- 玉ねぎ、ひき肉を炒める
- トマトをみじん切りにする

前の工程の影響を受けて、あるべきではない状態に変容してしまう

中間目的

皿
皿が
冷えている

3分
(11:57〜12:00)

パスタ
パスタが
伸びている／
冷えて
固まっている

9分
(11:50〜11:59)

ソース
ソースが
できあがっている

20分
(11:45〜12:05)

勝利条件

できたて
アツアツを
食べることが
できている

獲得目標

ミートソース
パスタをつくる

　このようなメンバー間（要素間）の相互依存によって無駄が生じる問題は、**コーディネーション問題**と呼ばれます。

　コーディネーション問題は、相互依存関係にある仕事が増えるほど発生しやすくなるため、事前準備、情報共有や相互の進捗状況のこまめな確認といったコミュニケーションをしっかりとることが不可欠です。

☑ Point　相互依存関係にある仕事の存在を意識する

計画外のことがあれば、すぐに上位者・関連する担当者に報告する（させる）

自分の仕事が他のどの仕事に影響を与えるか？　どの仕事の影響を受けるか？　を意識する

◯ 分業間で起こる衝突

ドリルで学んだことを踏まえて、Cさんのプロジェクトを見てみましょう。

Aさんの展示会プロジェクトで獲得した300人の見込客に対し、営業担当でもあるBさんが商談するための活動を行うことになりました。

電話の担当は展示会に引き続きAさんに任されたのですが、300人に手当たり次第電話をすることは非効率です。できるだけ製品への関心が高い人から電話をかけて、早くBさんが商談できるようにするために、電話の前にメールを配信することにしました。

メールが開封済みなら製品に関心があるといえ、メールに記載した製品情報のURLをクリックしてくれていれば、さらに関心があるといえます。

プロジェクト全体と部分の分業の流れ

見込客を育成して商談につなげるプロジェクト（全体）

①見込み客獲得　②メール配信　③アポ取り　④商談

メルマガ配信プロジェクト（部分）

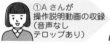
①Aさんが
操作説明動画の収録
（音声なし
テロップあり）

②Eさんは
操作説明画面の
ナレーションを
入れる

③Cさんが
全体の
デザインと配信

メルマガづくりで起きたこと

メールは文字だけではなく、写真を入れたり色や装飾を施せるHTMLメールで送信したいというBさんの希望で、社内のメールマーケティングを担当しデザインセンスに定評のあるCさんに依頼することにしました。Cさんは別の部署から本プロジェクトに兼業メンバーとして参加している人物です。

メールの原稿と画像、配信するメールアドレスのリストはBさんからもらっていたので、Cさんは一人でメールをデザインし、普段使用しているメール配信システムで配信作業をするつもりでした。

ところが、Bさんの提案で展示会でのデモ体験を思い出してもらった方

が、「もっと詳しく話を聞いて導入を検討してみたい」と思ってもらえるのではないかという理由で、製品の機能や使い勝手の良さをコンパクトにまとめた動画をつくり、それをメールで送ろうということになりました。

　Cさんは動画制作まで手が回らないため、Aさんと展示会でデモ体験を案内したカスタマーサクセス担当のEさんが動画をつくります。

　Aさんが製品をPC上で操作するデモ動画を収録し、展示会での体験を思い出してもらう一因になるだろうということで、Eさんはデモ動画にワイプで顔出しし、ナレーションを担当します。

　そうしてできあがった説明動画をCさんに渡して、メールを配信するという段取りです。

　展示会での体験がまだ頭に残っているうちにメールを送らないと忘れられてしまうため、早く送りたいとBさんから送信日を設定されました。

　見込客を育成して商談につなげるという全体のプロジェクトと、その部分であるメール配信プロジェクトの入れ子構造の関係を表したのが下のプ譜です。

メルマガ配信の中間目標と勝利条件

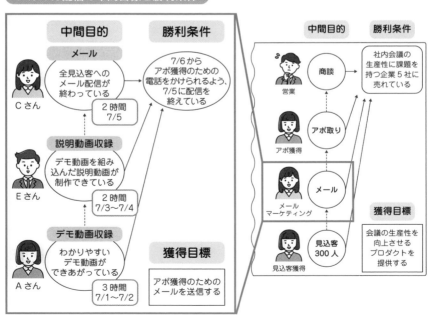

Cさんは動画のできあがりを待っていましたが、メール配信前日にEさんから動画ができていないことを知らされます。

Aさんがつくったデモ動画のテロップのフォントやBGMが、製品のイメージに合っていないとBさんから指摘され、Aさんがそれを修正しているとのことです。

Aさんの動画が完成しないとEさんのナレーションを収録できず、Cさんのメール配信もできません。

○ 地獄への道は善意で舗装されている

この問題の主要な原因は、廟算八要素の項目の一つ「**外敵**」です。外敵とは、**プロジェクトを阻害しそうな人物、組織**などを指します。人だけではなく、会社のルールや成功体験なども当てはまります。

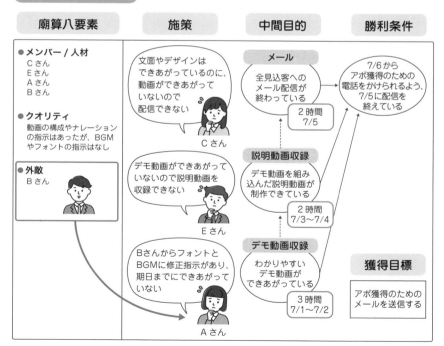

メルマガ配信のプ譜

廟算八要素	施策	中間目的	勝利条件

●メンバー / 人材
Cさん
Eさん
Aさん
Bさん

●クオリティ
動画の構成やナレーションの指示はあったが、BGMやフォントの指示はなし

●外敵
Bさん

文面やデザインはできあがっているのに、動画ができあがっていないので配信できない
Cさん

デモ動画ができあがっていないので説明動画を収録できない
Eさん

BさんからフォントとBGMに修正指示があり、期日までにできあがっていない
Aさん

メール
全見込客へのメール配信が終わっている
2時間
7/5

説明動画収録
デモ動画を組み込んだ説明動画が制作できている
2時間
7/3〜7/4

デモ動画収録
わかりやすいデモ動画ができあがっている
3時間
7/1〜7/2

7/6からアポ獲得のための電話をかけられるよう、7/5に配信を終えている

獲得目標
アポ獲得のためのメールを送信する

メルマガ配信の外敵はBさんでした。プロジェクトの主要人物ながら、プロジェクトを阻害する人物にもなってしまいました。

動画なしメールであればCさん一人で済み早く送信できましたが、メールを開封した人の興味をより喚起するために動画づくりをBさんが要望したことが原因で、スケジュールが遅れてしまいました。

Bさんは動画の構成は事前確認したものの、BGMのメロディーやテンポまでは気が回らず、Aさんがつくったものを見て初めて、自分のイメージとのズレがわかり、修正を指示したのです。

本人は善意で動いているので外敵だと気づけない

「このプロジェクトをめちゃくちゃにしてやろう」と思っているプロジェクトメンバーはいないはずですが、**目標実現やより良い結果を得ようとする意図・行動がかえって非効率を招いてしまう**ことがあります。

何かを加えるということは、認知の範囲の広がり・階層の深まり・関係の複雑な絡まりを伴います。

数分で終わるメールの文字修正も、動画の修正となると数十分から数時間はかかってしまいます。

新たな作業はどのくらいの時間（量）や品質を必要とし、それによってどんな変化がもたらされるのか？　ということを実行前に擦り合わせておく必要があります。

それを怠ると、**作業のやり直し・手戻りといった後天性蛇足・転変症候群の症状が起きてしまいます。**

こうした作業の追加とそれに伴う作業時間といった量の把握は、プ譜よりもガントチャートの方が得意です。

本章では、状態の変化や要素のつながりの表現を重視したためプ譜を用いていますが、みなさんは使いやすい方法を用いてください。

◉ メンバーの持ち時間の量と使うタイミングは異なる

Aさんは遅れを取り戻そうと修正した動画をEさんに渡して、すぐ収録してもらおうとします。しかし、Eさんは出張に出ており、収録作業に取りかかることができず、さらにメール配信が遅れることになります。

一度スケジュールが遅れると、その遅れを取り戻そうとしても、もともと見積もっていた所要日数では足りなくなることもあり得ます。

作業を実行するのに要する時間は「**課題遂行時間（task performance time）**」といい、それが完了している時間を「**課題完了時間（task completion time）**」といいます。

Cさんのメール作成と配信に必要な課題遂行時間の2時間は、いつでも確保できると限りません。

今、手がけている他の業務が終わらなければ取りかかれず、その仕事を依頼する側が希望する課題完了時間に終えられない可能性があります。

持ち時間と使えるタイミング

持ち時間の量と使えるタイミングは異なる

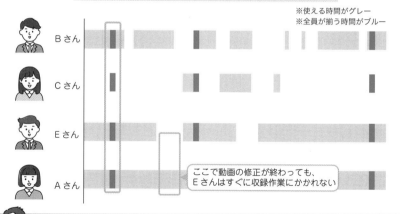

※使える時間がグレー
※全員が揃う時間がブルー

Bさん

Cさん

Eさん

Aさん

ここで動画の修正が終わっても、
Eさんはすぐに収録作業にかかれない

☑ Point　時間の調整は大変

全体のプロジェクトを任された人は、分業による時間の量とタイミングの管理にも気を配る

04 KPIは達成しているのに 最終的な目標が実現しない

◯ 分けることはわかること？

与えられたよくわからない問題を解決するために、**その問題を「小さく分けること」は、問題の構造を理解し解決するための第一歩**です。

プロジェクトの目標実現のために必要となる仕事を分類し、実現までの過程順に並べることで見通しを持つことができます。

それぞれに専任者をつけることで、専任者は自分に与えられた仕事（部分のプロジェクト）に集中することができます。

個々の仕事は常に具体的でなければなりません。自分が何をすべきなのかがわかり、その成功の定義がハッキリしている必要があります。

ハッキリしているという点で定量指標は非常にわかりやすい基準になります。

多くの仕事で**KPI**(Key Performance Indicator：重要業績評価指標)**が設定されているのは、目標を達成するための途中経過を把握し、改善・修正を図りやすい**からでしょう。

しかし、「小さく分けること」と「わかりやすい定量指標」がかえってプロジェクトに問題を引き起こし、望ましくない結果を招くことがあります。

◯ THE MODEL式の分業体制で起きた部門間の問題

Bさんは、展示会で獲得した見込客を育成して受注する**プロジェクトの勝利条件**を「新規受注5社」としました。

この目標を実現するために、BtoBマーケティングのセミナーなどに参加したところ、「THE MODEL」という営業の分業体制を知りました。これを参考に、本章の1節でもふれた分業体制をつくりました。

見込客を育成して商談につなげるプロジェクト（全体）

①見込み客獲得　②メール配信　③アポ取り　④商談

目標
開封率33%
（100件）

目標
アポ成功20%
（20件）

目標
契約率50%
（10件）

数値目標について

　Ａさんが展示会プロジェクトで獲得した300名にＣさんがメールを送ります。BtoBのメルマガの開封率は約20%という目安の数値を知ったＢさんは、もう少し野心的な33%という指標を設定します。

　というのも、Ａさんの展示会プロジェクトでは、製品のデモ体験を重視したこともあり、もっと良い開封率になると考えました。

　メルマガが33%の開封率であれば、100名が電話をかける対象になります。電話はＡさんが行い、ここには20%の確率でアポイントを取るという目標を設定しました。

　そして、20件のアポイントのうち、半分の10件は商談に持っていき、そこから5件の受注を目指すことにしました。

　メール配信日が予定より遅れましたが、開封率は33%を達成しました。アポ獲得のための電話は目標の20件を達成することができました。

　手応えを感じたＢさんは、自分の目標数値である商談10件の達成を目指し、得意げに見込客を訪問し始めました。

最終目標を達成できない

　しかし、20件のアポイントに対し、商談化できたのは2件でした。

　Ｂさんは事前にアポイント先を調べ、刺さりそうな提案や事例を準備しました。

　しかし、いざ会ってみると、「まだ情報収集の段階で導入はまだまだ先」という反応だったり、ブース来場者は製品導入に前向きでも、その上司である決裁者がまったく興味がなかったりで、とても具体的な商談に進むよ

うな状態ではなかったのです。

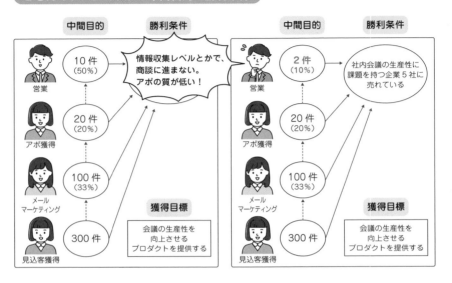

Bさんのプロジェクトの中間目的と勝利条件

分業した各工程の定量指標は実現しているのに、どうして商談化件数だけが目標を下回ってしまったのでしょうか？

このような状況でBさんがAさんとCさんを伴ってカウンセラーを訪ねてきて、この問題が起きた原因と解決方法を探すことにしました。

○ 定量指標が使われるほど、とにかく達成しようとする

結論からいうと、この問題が起こった原因は2つあります。

- 定量指標しか置かなかったこと
- 分業した部分の目標実現が優先され、上位の目標が見過ごされていたこと

まず、定量指標しか置かなかったことが、なぜ問題につながったのかを見ていきましょう。

定量指標しか設定しないことの弊害

　定量指標しか設定しないことによる弊害は、社会心理学者のドナルド・T・キャンベルによって指摘され、「**キャンベルの法則**」といわれています。

　Ｂさんが設定したのは、**それぞれの仕事の数値目標＝定量指標**だけでした。

　指標は現在の水準を正しく表し、定められた基準からの逸脱や、設定した目標数値との乖離を明確にするためのものです。

　キャンベルの法則では、「**定量的な指標が使われるほど数値が操作されやすく、その指標達成のための量を増やす傾向に陥りがち**」になることに注意喚起しています。

　そこで、ＡさんとＣさんに設定された指標をどのように達成したのか、その実態を聞いてみることにしました。

定量指数を達成するための工夫が裏目に出る

　展示会で獲得した300名は全員がデモ体験をしたわけではなく、その後の営業を嫌がり名刺交換だけした人も少し混ざっていました。

　出展企業からすれば、せっかくブースに来てくれたのなら連絡先を獲得したいので、デモ未体験でも名刺交換をお願いしてしまいます。

　Ｃさんがメールを送ったのは予定より10日間遅れてのことでした。その影響かは不明ですが、メールの開封率は20％に至りませんでした。

　そこで、未開封の見込客に開封を促す件名にしたり、未開封者が開封するまで何度か件名を変えて自動送信するプログラムを組むという"工夫"をしました。その結果、数値は見事33％を達成しました。

　メール開封者にＡさんは電話を始めますが、役員クラスの決裁者のアポイントをとるのは、電話を取り次ぐ人の壁が厚く一向に獲得できません。

　そこで、下位層の人々へ電話を優先的にかけることにしました。電話がつながった見込客からは「情報収集の一環だったので……」と一旦アポを断られつつも、少々強引に「それでも一回お話だけでも…？」とアポイントを取ってきました。このような"工夫"でＡさんも目標の20件を獲得しました。

AさんもCさんも施策を工夫することで、自分に与えられた定量指標を達成したわけですが、その施策はこのプロジェクトの上位の目標（全体の勝利条件）にとって相応しいものだったとはいえません。

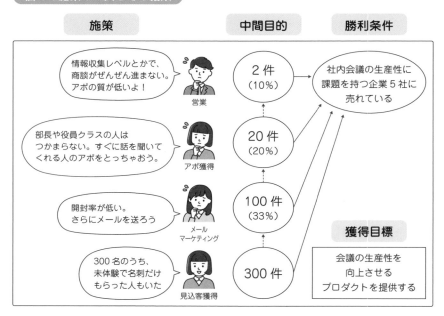

個々の施策の工夫とその結果

このように課せられた定量指標を実現しようとするあまり、手段を問わず施策を実行してしまう危険がある、というのがキャンベルの法則です。

　定量指標を設定するメリットと同じかそれ以上に、定量指標しかない、あるいは定量指標を過度に重視することによるデメリットがあります。

　このデメリットを追体験するためのドリルをしておきましょう。

○ ドリル：医療保険の過剰支払いを抑制せよ

　みなさんは総合病院の院長です。病院では患者の治療・入院にかかる医療費を審査支払機関に請求しています。

　審査支払機関から、ここ数年医療保険の支払金額が上昇を続けているため、過剰な支払いについては抑制すると通告されました。

その指標として「**退院後30日以内の再入院率**」が用いられることになり、再入院率は公表され、平均より高かった病院には金銭的なペナルティが科されるとのことです。

　審査支払機関が期待するのは、患者が退院したあとに地域のかかりつけ医と病院が連携をとり合って、入院が必要になるような容態になるのを日ごろから防ぎ、服薬などを支援・監督することなどです。

　これらは望ましい医療保険の状態を実現するための施策と位置付けることができます。

　院長であるあなたは素晴らしい理念だと共感しつつも、病院の経営状況は苦しく、万が一再入院率が平均を超えて金銭的ペナルティを受けることは避けたいです。

　そこでみなさんには、病院長の立場から悪知恵のかぎりを尽くして、**退院後30日以内に再入院しない施策**を考え出していただきます。

理念の元につくったプ譜

施策	中間目的	勝利条件

退院する患者が戻ってこなくてもいいように、プライマリー・ケア※提供者とより緊密な連携をとる

退院後にきちんと生活を送れるように指導する

患者が処方された薬を確実に手に入れられるようにする

再入院の数が減っている
※退院後の30日以内に計画外の再入院をした患者数

獲得目標

過剰支払いの抑制、コストの削減

　この事例はメディケアという、高齢者および障害者向けの公的医療保険制度であり、アメリカ連邦政府が管轄している社会保障プログラムが実際に行ったものです。

　このプロジェクトは報告される入院率は減少したものの、期待した患者への治療の質は向上しませんでした。

※プライマリー・ケア：普段から診てくれて、相談にのってくれる身近な医師などによる医療など。

病院が行った30日以内に再入院しない施策には、患者を「入院」ではなく「外来」患者として受け入れ、入院者の母数を減らすというものや、難しい症例を扱うことを避ける「上澄みすくい（クリーミング）」という戦略を採用することもありました。

　中には、退院後の世話を自分では看られない貧困地域の患者は、受け入れないという医療の道義に反するものもあったようです。

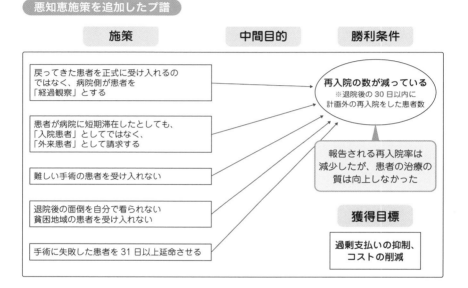

測定できる数値に執着すると、プロジェクトの失敗を招く

　外科医が成功率に基づいて評価されたり報酬を決められたりすると、より複雑あるいは重篤な症状の患者の手術を拒否する場合があることが複数の調査で証明されており、メディケアの過剰支払いの抑制プロジェクトは失敗に終わりました。

　測定される指標に報酬や懲罰をひもづけ、それを実践したときに意図せぬ好ましくない結果が生じるにもかかわらず、こうした信念が持続している状態を**「測定執着」**といいます。

○ 共通の上位の勝利条件と相互の貢献を再確認する

Bさんたちのように分業してプロジェクトを進めるうえでの**定量指標の弊害を防ぐ**には、どうしたらいいでしょうか?

ここでの対応方法は、**共通の上位の勝利条件を実現するために個々の中間目的に定性指標を設定すること**です。

Bさんたちのプロジェクトでは「**社内会議の生産性に課題を持つ企業5社に売れている**」という勝利条件が設定されていました。ここが共通の上位の勝利条件であることをあらためて全員で確認します。

AさんもCさんも自身の部分のプロジェクトの定量指標実現に集中しすぎたため、今回の問題が起きていました。

キャンベルの法則は、「**測定され、報酬が与えられるものはすべて改竄（かいざん）される。そして長期的目標よりも、短期的目標の方が重視されるようになってしまう**」ともいっています。

つまり、与えられた部分の目標（短期的目標）を、プロジェクトの最終的な目標（長期的目標）よりも重視してしまったわけです。

要素分解して部分最適を目指した分業が、定量指標しかなかったことによって全体の目標に貢献しませんでした。これは問題症候群でいえば、「**縦割り・分業症候群**」に該当するものです。

共通の勝利条件を常に、上位に置く

プロジェクトを任された人は、プロジェクトに関わる人々すべてに明確に規定された目標を持たせておく必要があります。それと同時に、個々の仕事が、他の仕事の目標達成の助けにどのように貢献しているかを明らかにしなければいけません。

それぞれの仕事には共通の上位の目標があること、自分の仕事が他者に与える貢献と他者から期待できる貢献を明らかにすることは、プ譜で確認することでわかりやすくなります。

Cさんのメルマガが直接貢献するのは、Aさんのアポイント獲得の電話である一方で、Aさんの展示会からの貢献を受けます。そして、直接ではないものの新規受注にも間接的に貢献しています。

これらのことは自身の任されている中間目的から勝利条件に矢印線が引かれ、前後の中間目的からも矢印線をつないでいることをプ譜で見せてあらためて意識してもらいます。

○ 部分最適の弊害を、「状態」を定義して防ぐ

「他者への貢献、他者からの貢献」を明らかにするということは、「他の要素に与える影響・他の要素から受ける影響」を明らかにすることです。

要点は、各構成要素および各要素間の相互依存関係に焦点を当て、全体のツジツマが合うようにすることです。

そのカギを握るのが中間目的の「**状態**」の表現、すなわち**定性指標**です。分解した要素がそれぞれどんな状態になっていれば、望ましい影響を他の要素に与えられるのか？　それにふさわしい表現を問いかけによって探していきます。

 新規受注5件という勝利条件に直結するのがBさんの中間目的です。Bさんがこれまで見込客との商談に進むことに成功したとき、見込客はどんな状態になっていたでしょうか？

やっぱり決裁者が参加していることが一番です。若手だと製品の使い方を見せて、「すごいですね～」で終わってしまいます…。

 そうすると、決裁者が参加さえしていれば良いのでしょうか？

決裁者が参加していて、実際にその場で議事録起こしの速さや、タスクの割りふりリストが作成されるといった便利さを目の当たりにしてもらっているのが理想的です。

Bさんが他の仕事から期待する貢献が明らかになりました。

製品の使い方を見せることはBさんが単独でできることですから、**Aさんのアポの獲得業務に「決裁者の参加」を期待する**ことになります。

定量指標しかなかったときのAさんからすれば、何日もかけて役員クラ

スのアポイントを獲得するより、一般社員や勉強熱心な若手社員のアポの方が、手っ取り早く結果を出せます。

「決裁者の参加」という難易度の高い状態の実現に取り組んでもらうにはどうしたらいいでしょうか？

決裁者の参加が望ましいというのはわかりますが、電話をしても全然つかまらないです。一般社員と話ができても、打合せに必ず決裁者を参加させてくださいとは言いづらいですよ…。

そうですね。Bさんへ質問ですが、これまで決裁者が参加していた打合せは、なぜ決裁者が参加していたのわかりますか？

そうですね…。決裁者が興味を持って参加してくるということはあまりなくて、その部下の方が導入したいと思って、その説得のために決裁者を打合せに引っぱり出していることが多いです。

それは重要な情報ですね。そうなると、電話相手は決裁者の部下の方でもよいが、その方が上司に見せたい・導入したいと思ってもらう必要があるということなんでしょうか？

そうです。あと、一般社員で社内に同じ課題を持っている人を呼んで、製品を必要とする部署の数を増やしてから決裁者に交渉しに行くという見込客もいました。

それも新しくて大事な情報です。こうした状態をAさんの中間目的にするには、どのような表現が相応しいでしょうか？

決裁者に連絡がつく場合もあるのでそれは狙いつつ、「来場者が決裁者や社内の同じ課題を持つ人を打合せに参加させたいと思っている」でどうでしょうか？

それならいけそうです。

言語化できない知識に分業のヒントがある

　Bさんが出してくれた情報は、**暗黙知といって個人の経験や勘に基づく、言語化されていない知識です。**

　暗黙知は分業をしたときに関係する仕事の担当者間でこうした話題が出てこないかぎり、なかなか表に出てこず、共有されることはがありません。設定した定量指標の数字で会話をしているだけでは、出てこない情報です。

　電話をかけた相手が、「来場者が決裁者や社内の同じ課題を持つ人を打合せに参加させたいと思っている」という状態になるには、電話をかけるAさんの話す内容・話し方が大事になりますが、それに影響を与えるのがCさんのメール配信の仕事です。

　Aさんが電話相手に、「決裁者や社内の同じ課題を持つ人を打合せに参加させたい」と思ってもらうためには見込客がメール開封時にどんな状態になってもらっていたらよいでしょうか？

お話を聞いていると、私が送るメールを開封するかどうかは、展示会の弊社のブースでどんな体験をしたのか？どんな対応をされたのか？ということの影響を受けると思います。
全員がデモ体験したわけじゃないなら、ブース来場者の体験の有無や、会議に関する課題に合った件名と内容にしてメールを出し分けたら、開封率も高まるんじゃないでしょうか？

　そうすると受信した人が、自分が抱えている会議の課題がなんだったかをハッキリ思い起こして開封してくれそうだね。

だったら動画の内容も課題別にちょっと内容を変えましょうか？
その方が課題と解決方法のイメージも持ってもらえそうですし。
Eさんのナレーション収録の時間さえとれればできそうです！

　それ、やってみよう！

Cさんの気づきがキッカケで、メールに入れる動画づくりをしていたA
さんから新しい施策が考案されました。

　**「ブース来場者の体験の有無や、会議に関する課題に合った件名と内容
のメールをつくる」**という施策であれば、アポ獲得の要素を望ましい状態
にできる施策になりそうです。

　もう一度、強調しておきたいのは、**定量指標しかないと、どんな手を使
ってでもその指標を実現すればいいと考えてしまいがち**ということです。

　そして、**その状態を実現するための施策が、要素を「あるべきではな
い・望ましくない状態」に変容させてしてしまう**ということです。

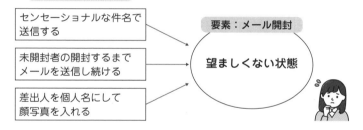

開封率向上のための施策によって、望ましくない状態に変容する例

施策の選択肢

- センセーショナルな件名で送信する
- 未開封者の開封するまでメールを送信し続ける
- 差出人を個人名にして顔写真を入れる

要素：メール開封

望ましくない状態

　先ほどCさんから「ブース来場者の体験の有無や、会議に関す
る課題に合った件名と内容になっていたら、開封率も高まるんじ
ゃないか？」という発言がありました。この開封率が高まってい
るときの状態はどのように表現できるでしょうか？

「受信者の関心や課題とメールの件名が一致している」というの
はどうですか？

すごくわかりやすいですね。ちなみに課題と件名が一致というのは、しっかりと見込客の課題を聞き出せているのが条件になると思うのですが、そのようなものはあるでしょうか？

展示会のときに来場者の方とお話をしたときのヒアリングシートがあって、それを電話をかけるときに使っています。それを分類すれば数種類くらいにはまとめられると思いますよ。

 それはぜひ使いたい貴重な情報ですね。

私たちのプロジェクトの会議は、日時が決まっていて、そのときの会議がいい内容だったら気分がすっきりしたり、さぁやるぞって気持ちになりますけど、そうじゃない会議はサイアクですよね。

 耳が痛いです……。

だから、企業でよく会議が開催される曜日や時間帯を調べて、会議が非効率だった、非生産的だったという体験が生々しいうちにメールを配信すれば、開封率やアポが取りやすくなるんじゃないでしょうか？

 それお願いしたいです！

素晴らしい提案をありがとうございます。今の提案内容をCさんの中間目的に設定したいんですが、どんな表現にしましょうか？

 理想が高いですが「見込客が会議に抱いている課題と件名とタイミングが一致している」でいきます！

○ 2つのコミュニケーションの特徴

　CさんがAさんの勝利条件の言葉を手掛かりに、アポ獲得の仕事に望ましい影響を与える状態と施策を考案してくれました。「**勝利条件の言葉を手かかりにする**」ということも定量指標だけでは設定できないことです。

モノローグのコミュニケーション

　Bさんが営業の分業体制をつくりそれぞれの仕事に数値目標を設定したとき、AさんとCさんには「これが目標です。お願いします」と伝えただけで、その妥当性、実現可能性について3人で議論しませんでした。

　第2章でも紹介したバフチンは、このような一方通行のコミュニケーション形式を「**モノローグ**」と呼んでいます。

ダイアローグのコミュニケーション

　モノローグに対して、話し手と聞き手がすみやかに交代して、言葉を交わしあうコミュニケーション形式を「**ダイアローグ**」と呼びます。

　この節で見たCさんのメールの仕事についての対話はまさにダイアローグ形式のものです。

　Cさんの発言をきっかけにBさん・Aさんが発言し、新たなアイデアの提案・今までなかった情報の共有が行われました。

　このように多様な声が出てくる様をバフチンは「**ポリフォニー**」と呼びました。ポリフォニーは**従属関係のない複数の声部からなり、それぞれが独立しながら展開していく音楽を示す概念**です。

　ポリフォニーの対概念の「**ホモフォニー**」は、特定の一声部だけが主旋律となり、他の声部はそれを支え従属するような音楽の様式を示します。

プロジェクトにはダイアローグのコミュニケーションが必要

　既に完成したマニュアルのある仕事であれば、ダイアローグ型式のコミュニケーションは非効率です。

　しかし、未知のプロジェクトや始まったばかりの仕事では成功のパターンは見出せず、マニュアルもつくれません。ある事象に対する決まった見

方もない状況では、より多様な視点・解釈を必要とします。

　汎用的なフレームワークがあっても、枠に入れる言葉やその意味は、メンバーによって議論して、豊かな選択肢の中から選ばれるべきです。

対話を誘う道具としての問いかけ

　プロジェクトメンバー間で**意見交換を活発にする役目**は、本来PMの仕事です。

　少なくとも任された仕事に依存関係がある人同士を集め、問いかけによってダイアローグ形式のコミュニケーションを取ろうとすることで、新しいアイデアが生まれたり、知らない情報が出てきたりします。

　こうした対話を経て、個々に任された仕事の状態を表現したのが次のプ譜です。中間目的の状態を定義したうえで、それぞれの状態を実現するための施策を考え、選択していきます。

　要素間の依存関係を考慮しないまま定量指標だけを与えてしまっては、設定された数値目標を実現するために自分で考えて行動した結果、本節で見たような問題が起きる可能性が高くなります。

定性的な状態の表現を加えた中間目的

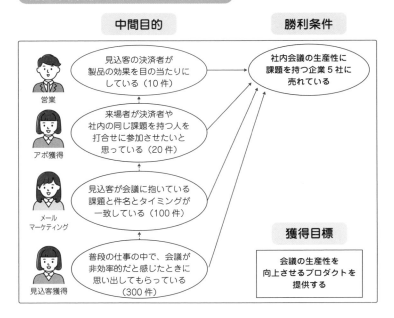

○ 部分間をつなげて辻褄を合わせる役割を持つ中間目的

プロジェクトにとって時間は貴重な資源で、限られた時間を有効に使うために分業を行います。分業するために仕事の内容は常に具体的で、自分が何をすべきかが明らかになっていなければなりません。

全体の目標達成には定性指標がポイントに

プロジェクトの勝利条件を実現するために中間目的を洗い出すのは分析的な作業で、各中間目的の仕事をメンバーに任せるときの指標として定量指標は非常にわかりやすく便利なものです。

しかし、定量指標しかないとメンバーが**共通・全体の目標の存在を忘れ、個々の目標実現に最適化する問題が起きがち**です。

目標を小さく分けすぎることに注意

本章では定量指標しか設定しないことの弊害をクローズアップしてきましたが、この問題は**要素還元しすぎることの弊害**とも関わっています。

例えば、「サッカーの試合で上手にプレイする」ためには、「ドリブルができる」ことも「パスができる」ことも必要です。

これら**目標の細分化**は、計画を進めるための順序や系統を確立するうえで必要な作業です。

ここでさらに、「パスができる」ようになるために、「足の内側・外側でパスする」「近くに・遠くにパスする」というように、目標を過度に細分化すると、**目標の断片化**に陥り、何のためにそれを学ぶのかが選手に見えにくくなります。

コーチもまた、多くの細かい目標リストをこなし点検することに追われることになる危険性があります。

「サッカーの試合で上手にプレイ」して、チームを勝利に導くには、これらの要素を連動させて、状況に応じてどんなプレイを選択すればよいかという判断ができなければ個々の練習の意味がなくなってしまいます。

それぞれのメンバーの努力を全体の目標に結びつけるためには、以下のことを理解させる必要があります。

- 自分が任された仕事はプロジェクト全体のどこに位置し、どの要素に影響を与えまた受けているか？
- 自分の仕事は他の仕事にとってどんな意味を有しているか？

　この全体的な要素間の関係性の理解と設計を視覚的に助けるのがプ譜であり、言葉で助けるのが中間目的の定性的な状態の表現です。

　分けることはわかることを助けますが、**要素として分けただけでは静的で固定的な"断片"のまま**です。

　一度分けたものを定性的な状態の言葉で表現することで、要素間の辻褄を合わせ、全体が調和するようにつなぐ接着材のような機能を果たします。（なお、定性指標の詳しい設定方法や評価の仕方は第5章で紹介します。）

　状態というものは私たちが何らかの働きかけを行ったり、要素間で影響を受けて変化する動的で扱いづらいものです。

　プロジェクトにとって望ましい状態を実現するための施策を取捨選択し、個々の要素が互いに良い影響を与えられるよう設計・観察・調整するのがプロジェクト全体を任された人の仕事です。

 ☑ Point　部分最適化を防ぐ中間目的

状態は施策を行うことで変わり、他の状態の影響を受けて変わる
状態の定義が定量指標しかない弊害を予防する
相互に影響し合う要素の望ましい状態を、関係する者同士で協議する

第 **4** 章

プロジェクトメンバー間の認識のすり合わせ方

プロジェクトメンバーであれば、プロジェクトマネージャーの考えていることは、いちいち言葉にしなくても伝わっているだろうと思いがちです。

しかし、メンバーがプロマネと同じように考え、望むように行動してくれるとは限りません。

この章では、他者と共にプロジェクトを進めるときの認識のズレやソゴを予防し、メンバーの意見や考えを活かしてプロジェクトを進めるための合意形成の方法を詳しく紹介します。

#探索実行 　#アパルトヘイト症候群 　#コミュニケーション不全症候群
#縦割り・分業症候群 　#他者との協働 　#モードのズレ 　#多義性 　#合意
形成

01 取り上げるプロジェクトの特徴と登場人物

　プロジェクトを開始する前に立案した計画は、メンバーとしっかり確認・共有をして「このように進めていこう」という意思統一がされているはずです。

　統一された意思と全体の方針と計画のもと、各メンバーは自分が担当する仕事をいつ、何から着手するかという部分の計画を立てながら進めていきます。

　しかしプロジェクトが進み始めると、当初の計画に入っていなかった作業が追加されることがあります。それによって予定していた作業が後回しになったり、スケジュールに遅延が出たり品質の低下を招いてしまいます。

　大元となる**全体の計画や方針の変更が明示されないまま、部分的な追加や修正が積み重なる**と、メンバーが思い描いていた進め方や立てた計画が崩れ、その都度計画をつくり直さなければならなくなります。

　その結果、自分に任された仕事をどのように進めていけばいいのか、優先順位が何なのかがわからなくなり、プロジェクト全体の遅れや品質の低下という問題を引き起こします。

　本章ではこうした経緯で起こる問題を、**プロジェクトメンバー間の認識・モードのズレという視点**から解説します。

　そしてその解決方法として、**プ譜を使用した合意形成の手順**を説明し、サンプルとしてメンバー間の合意形成時の対話の様子を掲載しました。

　その題材としてWebサービスの「開発」「営業」「導入企業の成功支援（カスタマーサクセス）」という、サービス全体を運営していくための相互に強く関係し合う業務を取り上げます。

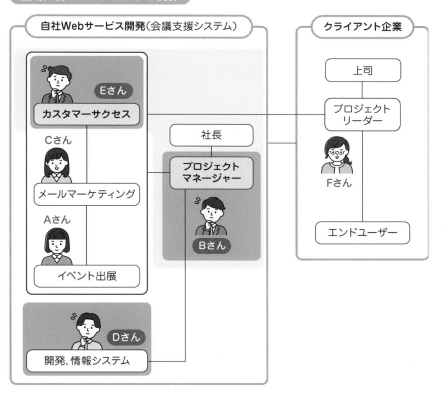

登場人物とプロジェクトの関係

自社Webサービス開発（会議支援システム）

Eさん
カスタマーサクセス

Cさん
メールマーケティング

Aさん
イベント出展

社長

プロジェクト
マネージャー

Bさん

Dさん
開発、情報システム

クライアント企業

上司

プロジェクト
リーダー

Fさん

エンドユーザー

今回の登場人物

Bさん
営業も行う
サービスのPM

Dさん
製品の開発を担当する
システムエンジニア

Eさん
製品の活用を支援する
カスタマーサクセス

02 取り上げる問題、担当者の悩み

- メンバー間で認識のズレが起きている
  - 流れの中で変わった方針や認識を共有していない
  - メンバーの認識が一致していると思い込んでいる（ズレているということすら意識に上がってきていない）
  - 合意形成を経ていない
- 合意形成の仕方がわからない

予防策・対策

- 個々のメンバーがイメージしているプロジェクトの進め方を可視化して共有し、ズレの所在を明らかにする
- メンバーを巻き込んで合意形成する

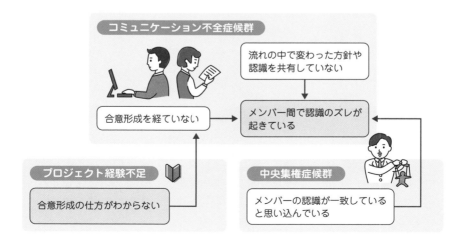

コミュニケーション不全症候群

流れの中で変わった方針や認識を共有していない

合意形成を経ていない

メンバー間で認識のズレが起きている

プロジェクト経験不足

合意形成の仕方がわからない

中央集権症候群

メンバーの認識が一致していると思い込んでいる

03 いつの間にか認識のズレが起きていた

○ モードとは

モードという言葉は、生活や仕事の中で思考・気分・動作など色々なものの状態を表現することに使われています。

会議でアイデアを出し合う発散モードと整理していく収束モード、お仕事モードやお休みモード、除湿モードや暖房モードなど挙げるとたくさんあります。

この中で共通する点がいくつかあります。

- モードによって思考や行動、成果物に与える影響が変わる
- 「モードを切り替える」という使い方をするように、思考や行動のある連続した時間のなかでモードは変化する
- ただし、空調が暖房モードと冷房モードを同時に動作させることはできないように、一人の人間のなかで異なるモードは同時に併存できない
- モードの変化・切り換わりはすぐ現れるものもあれば、ゆっくり現れるものもある
- モードの変化はリモコン操作のように意図的に行うものもあれば、自分では意識していないうちに切り換わっているものもある

モードを辞書で引くと様式や形態という意味ですが、本書のモードは人の思考や気分という意味に加え、上記の特徴・性質を持つものと受け止めてください。

● モードがメンバー間でズレていることの問題点

　その時々で人や場、時間を支配するモードの特徴が、他のメンバーとプロジェクトを進めるうえで生まれる問題の原因になります。

　会議で例えると、ある人はアイデアを出す発散モードは既に終わり、アイデアをまとめて整理していく収束モードに入っているつもりなのに、まだアイデアを出そうとする人がいるとします。

　このモードのズレは会議の議論が噛み合わない原因になります。

　このようなとき、「今はそんな話をするときじゃない！」といった表立った衝突になるよりも、往々にして「なんでこの人はまだこんなことを言うんだろう……」という心の声で止まります。

　互いに「対立しているな」「モードが異なるんだな」という認識を持つこともなく、「なんかずれてるなぁ……」と感じてやり過ごしてしまいます。

　人のモードは言動やふるまいとなって現れますが、空調のリモコンのように「今は○○モード」と明示されていません。そのため自分や相手がどういうモードなのかを認識するのは困難です。

　プロジェクトでもメンバーのモードのズレが、明らかにされないまま積もっていくと、プロジェクト進行に支障をきたすようになります。

　ここではまず**モードのズレによってどんな問題が起きるのか**をプロジェクトドリルで確かめておきましょう。

● ドリル：守りと攻めのモードのバランスを調整せよ

　みなさんはサッカー日本代表を率いる監督としてオリンピックに参加しています。4カ国総当たりのグループステージで、1戦目に世界ランキング1位の国に奇跡的な勝利を収め、第2戦でも勝利すれば勝ち点※は6になり、決勝トーナメント進出はほぼ確実です。

　2戦目の相手はアフリカの強豪国で、第1戦の相手以上の身体能力（スピード、パワー、ジャンプ力）を誇り、スピードを活かして素早く守備ラインの裏をつける選手がたくさんいます。

　第1戦の激闘による身体的ダメージ・疲労は回復しておらず、3戦目が

※勝ち点は、勝てば3ポイント、引分1ポイント、負ければ0ポイント

グループの中で最も勝ちやすそうな相手のため、2戦目を引き分けて3戦目に勝利するという方針が現実的です。

監督のあなたは**「決勝トーナメント進出」を目標**に、第2戦の**勝利条件**を「守備的な試合に引きずり込んで、**引き分けで勝ち点1をあげる」**に設定します。この**勝利条件を実現するためのモードは「安全第一」**です。

リスクを冒さず守備に重きを置いて試合を進めます。これを攻撃、中盤、守備の選手に伝え、前半を目論見通り0-0で終えました。

このときの状態のプ譜と、ピッチ上の攻撃・守備ラインの図は下記のようになります。

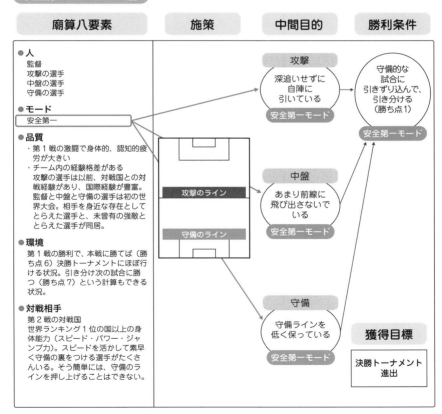

安全第一モードのプ譜

もっと攻めたいという声が上がった

ところがハーフタイムになって攻撃陣から「もっと攻めたい」という声が上がります。**モードが変わると中間目的の状態が影響を受けます。**

それまで攻撃陣の状態は「深追いせず自陣に引いている」でしたが、攻めたいモードでは「相手ゴールに近い位置でプレーする時間と人数が増えている」に変わります。

この状態のプ譜と攻撃・守備ラインは下図のようになります。

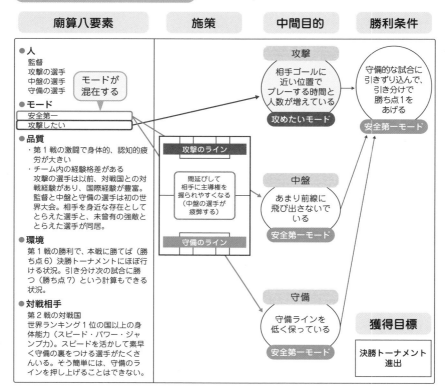

攻撃モードが入ったときのプ譜

廟算八要素	施策	中間目的	勝利条件

●人
　監督
　攻撃の選手
　中盤の選手
　守備の選手

モードが混在する

●モード
　安全第一
　攻撃したい

●品質
　・第1戦の激闘で身体的、認知的疲労が大きい
　・チーム内の経験格差がある
　　攻撃の選手は以前、対戦国との対戦経験があり、国際経験が豊富。監督と中盤と守備の選手は初の世界大会。相手を身近な存在としてとらえた選手と、未曾有の強敵ととらえた選手が同居。

●環境
　第1戦の勝利で、本戦に勝てば（勝ち点6）決勝トーナメントにほぼ行ける状況。引き分け次の試合に勝つ（勝ち点7）という計算もできる状況。

●対戦相手
　第2戦の対戦国
　世界ランキング1位の国以上の身体能力（スピード・パワー・ジャンプ力）。スピードを活かして素早く守備の裏をつける選手がたくさんいる。そう簡単には、守備のラインを押し上げることはできない。

攻撃のライン

間延びして相手に主導権を握られやすくなる（中盤の選手が疲弊する）

守備のライン

攻撃
相手ゴールに近い位置でプレーする時間と人数が増えている
攻めたいモード

中盤
あまり前線に飛び出さないでいる
安全第一モード

守備
守備ラインを低く保っている
安全第一モード

守備的な試合に引きずり込んで、引き分けで勝ち点1をあげる
安全第一モード

獲得目標

決勝トーナメント進出

ここで1つのチームという全体の中に、**「もっと攻めたいモード」**と**「安全第一モード」**が混在します。

　モードが混在することで全体のバランスが崩れます。攻めようとしても守備のラインが低いままだと、攻撃と守備の間が間延びしてしまい、その分相手にボールを持たれやすくなります。選手の走行距離が伸びて疲労もたまります。

　そのため攻めたいモードは、**守備陣に「守備ラインを高く保つ」ことを要求します。**

　しかし、守備陣からすると、ラインを高くするとその後方に広大なスペースができ、ロングボールを自陣内に放り込まれると、相手チームの快足選手に走り負けて失点するリスクが一気に高まります。

　そのリスクを冒してでもラインを高く保ち攻撃しようとするには、守備陣からも攻撃陣に対して要求をする必要があります。

　攻撃陣の状態が、「相手ゴールに近い位置でプレーする時間と人数が増えている」だけでは安心してラインを上げることができません。

攻撃モードのプ譜

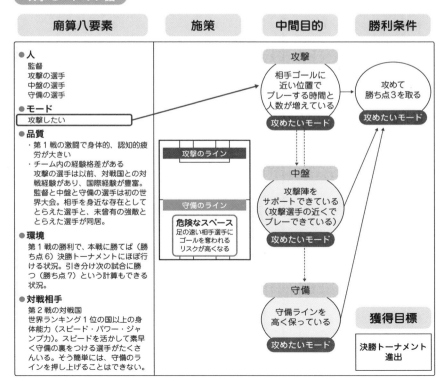

みなさんに考えて頂きたいのは、守備ラインを高く保っていられるようにするために、**攻撃陣に対して「どんな守備の状態をつくり出す必要があるか？」を提示すること**、すなわち**中間目的の状態を定義する**ことです。

状態をどのように表現するかは細かな差異が出ると思いますが、以下のようなことが考えられます。

- 相手にロングボールを蹴らせていない
- 相手守備陣にボールを持つ余裕を与えていない
- 相手の攻撃の方向を限定している

そのための施策には、次のようなことが考えられます。

- 相手ディフェンダーがボールを持ったら5秒以内に奪いにいく
- 相手ディフェンダーのパスコースを切る位置にポジジョンを取る
- 中盤の選手と連動する

勝利条件を決めるのは監督

モードが変われば勝利条件も影響を受けます。**攻めたいモードになれば勝利条件は引き分け狙いから勝利狙いになります。**

しかし、チーム全体の勝利条件を決めるのはその全体を任されている監督です。

- 監督がどのようなモードでいくのか？
- 何を勝利条件とするのか？

これらを示して徹底させないと、メンバーはどのように行動すればいいかわからなくなり、行動はチグハグ、全体のバランスを崩してしまいます。

このドリルの元ネタであるアトランタ五輪サッカー日本代表は、前半を

チンタラ進めて0-0で折り返したところ、攻撃陣から出た「攻めたい」という要求を監督が拒否しました。

当時の監督は「守備陣が頑張っているのに何を言っているんだ？」と思い、キレてしまったそうです。ロッカールームは穏やかではない雰囲気になり、チームは方向性を見失い、0-2で敗戦しました。

この時点でチームは事実上崩壊し、続く試合では3-2で勝利したものの、第2戦での失点が響き、決勝トーナメント進出は叶いませんでした。

モードの不一致が非効率と悪い結果を招く

このドリルの教訓は、誰も失敗したいとは思わず共通の目標を持っているのに、**モードの不一致**によってそれぞれの行動がプロジェクト全体に貢献せず、要素間の辻褄が合わなくなり、かえって非効率や悪い結果を招くということです。

なお、説明が後回しになってしまいましたが、モードを書く場合は、**廟算八要素**に書き入れます。

☑ Point　モード

1つのプロジェクトに同時に複数のモードを混在させない
モードは廟算八要素に書き入れる

◯ 知らぬ間に蓄積された「営業vs開発」の衝突

それではBさんたちのプロジェクトをみていきましょう。

展示会来場者への営業のプ譜を、メンバーと話し合ってつくり直してから数ヶ月が経ち、目標よりも多く受注することができました。

Bさんは、顧客が自社の会議の質向上・効率化サービス「kaigee」を使って成果を出せるよう、成功を支援するカスタマーサクセス（以下CS）、システムの開発、営業の3つの部門が連携してサービスを運営していくためのプ譜を書きました。

社内会議に課題を抱える企業を引き続き開拓しつつ、増えてきた顧客が

安定してシステムを使えるよう保守・メンテナンスをしっかりと行い、わからないことがあれば、顧客自身が自力で解決できるようなサポートを充実させようという考えがプ譜に反映されています。

　Bさんは自分で意識して言葉にしませんでしたが、このときのBさんのモードは「**手堅く足場を固めるモード**」でしょう。

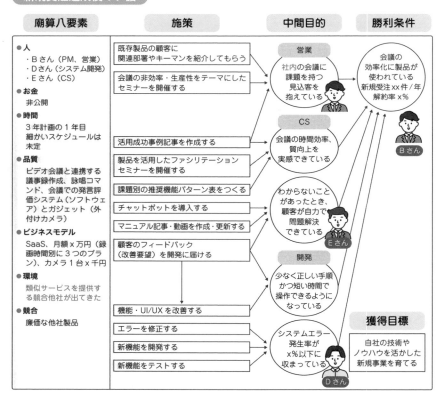

　Bさんは書いたプ譜を開発担当のDさんとCS担当のEさんに見せ、DさんとEさんはそれぞれ自分に任された中間目的を実現するために、施策を考えて実行することになりました。

　このプ譜を書いてから数ヶ月後、プロジェクトマネージャーでもあり営業マネージャーでもあるBさんは新しい発見をします。

気づかぬうちにモードが変わる

もともとkaigeeは社内会議を対象に製品開発・営業してきましたが、営業をかけた見込客数社から、自社の営業社員が顧客との商談やプロジェクト会議といった社外会議でも使ってみたいという要望が出てきました。

Bさんは外部会議向けのいくつかの機能開発を条件に、複数社から契約を続けて獲得することに成功しました。

この時期、類似サービスを提供する競合他社が出てきており、他社との差別化のためにも用途を広げ、営業先を増やしたいと考えました。**開発した機能をネタに新規営業をかける「横展開」戦略**もいけそうです。

このときBさんは「手堅く足場を固めるモード」から、徐々に変わっていきます。社内会議だけでなく社外会議にも対応範囲を広げて、新規受注を増やしたいと考えます。**これはBさんが「ドンドンいこうぜモード」に変わったことを意味します。**

外部向け新機能開発を条件にした受注が数社続き、Bさんは意気揚々と社内の定例会議に出席し、受注した顧客から新しい社外会議向けの機能開発要望があることを開発担当のDさんに伝えます。ところが、Dさんは渋い顔をします。隣のCS担当のEさんの表情も曇っています。

Bさんは難易度の高い新規事業が順調に進んでおり、Dさんは勇んで開発してくれるものと思っていました。不思議に思ったBさんが2人に「何か気になることでもある？」と聞いたところ、**2人からBさんの営業の進め方について不満の声が出てきた**のです。

同じプロジェクトでも見える景色はメンバーで違う

開発担当のDさんに任されている中間目的は2つあります。

- 少なく正しい手順かつ短い時間で操作できるようになっている
- システムのエラー発生率がx%以下に収まっている

Dさんはこの状態を実現するために、これまで次のような施策のために思考と手を動かす時間を費やしてきました。

- 機能開発時は入念なテストを行う
- ボタンのレイアウトやデザインを変える
- エラー発生時に自動的に検知するためのプログラムをつくる
- エラーが起きたときに修正しやすいコードをしっかり考えて書く

　しかし、Bさんが新機能開発を条件に受注してくると機能開発に時間を費やすことになり、「少なく正しい手順かつ短い時間で操作できるようになっている」ことに割く時間が減ります。

　新機能を開発してもテストの種類や回数が減り、リリースしてもエラーが起きやすくなりました。

　この影響を受けるのがEさんです。CSの仕事は顧客に製品の操作ができるようにしたら終わりではなく、製品を使って顧客の目標を実現する支援を行うのが仕事です。

　CS担当のEさんは顧客の数が増える状況に対し、チャットボット導入や操作方法のマニュアル動画、FAQページ作成を進めてきました。

　そうして創出した時間を、顧客が製品を使って成功するための新しい施策の考案・実行に使おうと考えていました。

　しかし、十分なテストを経ずにリリースされた新機能が続くとエラーを見逃してしまい、FAQページにエラーの解決方法を紹介する記事が掲載されず、直接Eさんのもとに問合せが寄せられるようになります。

モードのズレが起こすプロジェクト構造の不整合

　Bさんの「ドンドンいこうぜモード」の影響を受ける前のDさんEさんは、「サポートやエラー対応の数を減らして問合せ・保守コストを下げたい」と考えて行動しており、**「安定・快適優先モード」**です。

　Bさんの「ドンドンいこうぜモード」は、「安定・快適モード」だった開発とCSに影響を与えます。

　Dさんのエラー発生率は上がり、UIが考え抜かれていないために利用者は操作しづらくなります。これらの状態はEさんのサポート負荷の状態を悪化させています。

「わからないことがあったとき、顧客が自力で問題解決できている」から、「わからないことがあったとき、電話・メールで問合せがきている」という望ましくない状態に変容してしまっています。

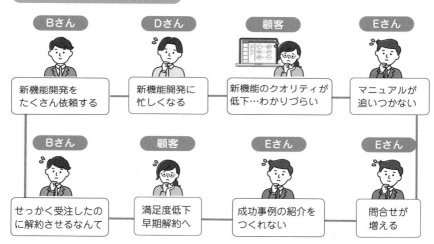

新商品開発の負のスパイラル

Bさん	Dさん	顧客	Eさん
新機能開発をたくさん依頼する	新機能開発に忙しくなる	新機能のクオリティが低下…わかりづらい	マニュアルが追いつかない

Bさん	顧客	Eさん	Eさん
せっかく受注したのに解約させるなんて	満足度低下早期解約へ	成功事例の紹介をつくれない	問合せが増える

このような状態は、せっかく新規受注したのに顧客が製品を使いこなせず満足度も低下し、早期解約につながります。解約率が高まれば、その責任はCSが負うことになります。

営業からすれば「せっかく自分が受注した顧客をすぐに解約させるなんて……」という気持ちになるという負の連鎖が起きます。

Bさんは第2章4節で、kaigee開発の近位の勝利条件を「**量・負の削減**」、遠位を「**質の向上**」としました。

しかし、プロジェクトが進むにつれて**営業戦略や成績の方に注意・関心がいきすぎて、開発の保守・運用にまで気が回らない**、「素人は戦略を語り、玄人は兵站を語る」状態になってしまったようです。

ここで見てきた問題は、**Bさんが自分のモードを意識して、勝利条件を無意識に変更し、それによって中間目的に影響を与えることをDさんとEさんに説明していない**ことで起きています。

Bさんがプ譜の内容を更新して2人に説明して合意していれば回避できた可能性があります。

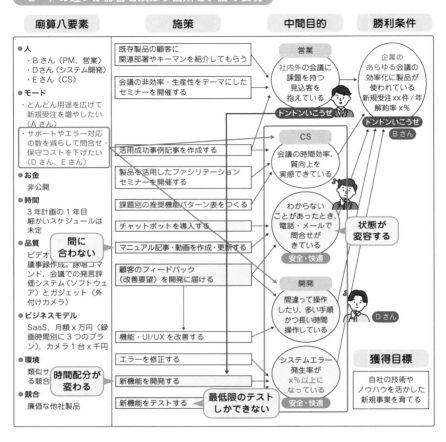

モードの違いが影響を及ぼす箇所をプ譜で表現

廟算八要素　　　施策　　　中間目的　　勝利条件

モードを勝利条件に昇華させ、計画に反映させる

　モードには決まった名前がなく、それを意識しながら仕事を進めるのは難しいことです。意識せずに言動に現れてくるものをプロジェクトメンバーが察知して、臨機応変に個々の仕事の進め方を調整せよというのはムリがあります。

「なぜ」かわからないままの作業は悪影響を生む

　モードが明らかにされずズレたままだと、メンバーはプロジェクトの進

め方や、全体を率いるPMやリーダーの考えがよくわからなくなり、モヤモヤを感じてしまいます。

エンジニアであれば「なぜ限られた人手と時間を、その機能開発に回すのか？」、マーケターであれば「なぜそのコンテンツを制作するのか？」を知りたいものです。

しかし、それについて対話する機会がなく、開発リストや施策リストだけがあり、そのリストにスコアや重要度をつけるだけではその理由や必然性を知ることができません。

「なぜ」がわからないまま、認識のズレやモヤモヤを感じたまま作業に従事していると、その作業の品質を改善する機会を失い、ともすれば要求した品質を下回ったりします。

作業をするにしても納得のいかないものは後回しにしたり、実行してもスピードが遅くなり、期限を過ぎてもモノができていないという事態を招きかねません。

対立にまで至らない「くすぶっている」状態

明らかな対立でなく、くすぶった状態が厄介なのは、明確に対立意見を述べる場や機会がないため、くすぶっていること自体がわからないことです。

また、**対立が起きたときの対応の多くは「回避・見て見ぬふり」**です。考え方や進め方にズレがあると感じても、多くの人は何も言いません。

プロジェクトチームに以心伝心を期待するのも、問題が起こったときに「なんで早く言ってくれなかったのか？」と責めるのも間違っています。

モードを明確に宣言するのと同時に、そのモードでいく理由や背景、モードを勝利条件に反映させたときにこれまでの活動がどう変わるか？といった**考えをメンバーと共有**する必要があります。それに対するメンバーの合意を得て初めて、メンバーがモードに合った思考・行動をすることを期待できるようになります。

そこで次節では、**プロジェクトメンバー同士で互いの考えと計画を披露しあい、モードを揃え合意するための方法**を紹介します。

04 異なる考え・モードの メンバーとの合意形成方法

○ 合意形成とは

　様々なメンバーが集まって未知で複雑なプロジェクトを進めるうえで、「どんな仮説・計画を立てたか？」以上に**「その仮説・計画にどんな過程を経て合意したか？」**が、その後の成果に影響を与えます。

　この合意に至る過程が**合意形成**です。

　合意形成では、それぞれの価値観・期待・思惑を顕在化させ、利害関係を擦り合わせ、相互の意見の一致を図ります。

　合意形成にとって重要なことはまさにこの過程です。

合意は全員の完全な意見の一致を意味するわけでない

　合意というのは、メンバーが最終的な計画を理解し、その中で与えられた目標実現に力を尽くすことを誓い、その計画が全員のものであるという意識を持ち、一緒に仕事をする他のメンバーと協力しようという意思を持つことです。

　全員一致にこだわりすぎると、メンバーが自分の意見を述べるのに不安を感じてしまうかもしれません。合意は、「私の勝ち、あなたの負け」ということではありません。

　合意形成の質が高ければ、実行後の成果があがりやすくなります。合意は、最終決定に完全に満足していなくても、最終的な選択としてそれを受け容れている状態を目指します。

　合意への共通の理解があれば、協調した行動をとって効率を上げることができ、全員が首尾一貫して行動できる可能性も高まります。

　質の高い合意形成を実現するには、次の条件を満たす必要があります。

- メンバーが共通して取り組みたい問題が特定されている
- 目標と成功の定義、判断・評価基準が決定され、複数の選択肢が作成・検討されている
- 参加すべきメンバーが参加している
- メンバーが十分な情報・データを得ている（隠された情報がない）
- メンバーが自分の意見・考えを表明し、話し合う機会がある
- メンバーの考えの背景や構造を理解する
- 一人一人が問題への答え・考えを違う形で持っており、それを持っていていいことが保証されている
- リーダーは一方的なコントロール・誘導をしない。但し合意形成における決定の責任を引き受けている

　この手順と条件は、**ボトムアップ型**のスタイルであり、情報・意見を共有して合意する**「共有→合意」モデル**です。

　トップダウン型のスタイルのように、PMやリーダーが事前に計画をつくってそれを説明し同意する**「説明→同意」モデル**ではありません。

　同意は一方の説明に対し賛成を得るもので、合意とは異なります。

　未知のプロジェクトでは、英雄的なリーダーが計画をつくり、ときにその人の直感でプロジェクトを進め、メンバーを引っ張っていくということもありますが、本書では**ボトムアップ型かつ「共有→合意」の合意形成方法**を紹介します。その方法にプ譜を用いることができます。

○ プ譜を用いた合意形成のプロセス

　プ譜を用いた合意形成は「my project、your project、our project」という3つの段階を経て行います。

　my、your、ourの各段階の具体的な説明は、前節までのBさん、Dさん、Eさんのサービス運営プロジェクトを題材に具体的に解説してきます。

my project

一人一人
自分の思い描く
進め方（仮説）を書く

your project

他社に話し
（他者から聞き）
互いの考えを交換する

our project

全員が合意できる
仮説・判断・
評価基準を描く

　このプロセスは、**不確実性を削減し多義性を解消する**プロセスでもあります。

　不確実性は情報の欠如や因果関係の不明確さを意味し、**多義性**は１つの言葉・対象に複数の意味・解釈があることをいいます。

　不確実性は主に情報の「量」の整理、多義性は主に情報の「意味」と位置づければわかりやすくなります。

　この方法は、メンバー間の認識のズレから衝突が起こったときの対処方法になるだけではなく、プロジェクトの仮説・計画期で用いた方がメンバー間のズレを早期に明らかにできるという点で効果的です。

◎ ボトムアップ型「共有→合意」モデルのマインドセット

　この方法を行うには下記のマインドセットが必要です。

- 1つの目標に対して多様な視点・解釈があることを受け容れる
- 私は情報を持っているが、他のメンバーも情報を持っている
- 他のメンバーの見ていないものを見ている可能性がある
- 自分の考えが唯一絶対の正解と考えない
- 「互いの意見が両方とも妥当なのではないのか」、「それぞれが同一の異なる部分を見ているのではないか」という2つの見方をする

- 違いを歓迎する
- 違いや様々な見方を学ぶ機会、相互理解を促す機会と捉える

異なる意見は計画の実行後にはリスクでしかありませんが、この方法ではそれを一旦、受け容れます。それを素材・機会としてより良い計画づくり、メンバーが共通の勝利条件を目指して協力し合おうという意思、プロジェクトチームづくりに活かします。

この方法を実行するときは、必ずメンバーに**トップダウン型の「説明→同意」モデルではないことを宣言しておく必要**があります。

ルーティンワークに慣れてきたメンバーは、計画は事前に上から示されるものと思いがちです。

また、十分な知識がないから何も貢献できないのではないだろうかと不安になったり遠慮しがちになります。

自分の提案を受け容れてもらった経験がない人は、「どうせ自分の意見は聞いてくれないだろう」とハナから諦めているかもしれません。

未知のプロジェクトでは誰しも知識や経験が不足していますが、計画を立てられないわけではありません。

一人ひとりが、**自分の価値観や立場、手持ちの情報を使ってプ譜を書く＝計画をつくることがプロジェクトにとって大きな助けになる**ということをメンバーに伝えてください。

❶ my project

一人で考えてから、意見を共有する

最初に行うことは、メンバーが共通の目標をもつプロジェクトのプ譜を一人ひとりが誰にも干渉されない環境で書く「**ブレイン・ライティング**」です。

誰かから見られたり、アドバイスを受けたりしながら書くことは、「一人ひとりが問題への答え・考えを違う形で持っており、それを持っていいことが保証されている」条件の障害になり得るからです。

一人で書くということが大事です。

みんなが同じ場に集まり話し合う「**ブレイン・ストーミング**」形式はおすすめしません。

未知のプロジェクトに適した計画をつくるためのたくさんの素材と、一人ひとりの考えやモードが異なることを明らかにすることが目的です。

同じ場では声の大きい人や階層の高い人に議論をコントロール・先導される恐れがあります。

また、ブレイン・ストーミングでは、自分一人で静かに落ち着いて、思考する自由があまりありません。

ノーベル経済学賞受賞のダニエル・カーネマンは、「議題について討論する前に、出席者全員に前もって自分の意見を簡単にまとめて提出してもらう。こうしておけば、グループ間の知識や意見の多様性を活かすことができる」と言っています。

my projectはこの考えを取り入れた方法です。

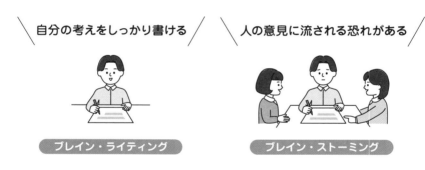

自分の考えをしっかり書ける／人の意見に流される恐れがある

ブレイン・ライティング　　ブレイン・ストーミング

獲得目標の欄には共通のものを書いておきます。

勝利条件も同じにしてもかまいませんが、勝利条件を指定しない方が、より多様な中間目的や施策が生まれます。

では、Bさん、Dさん、Eさんがそれぞれ書いたプ譜を見てみましょう。

それぞれのプ譜がどう違っているかに着目してください。

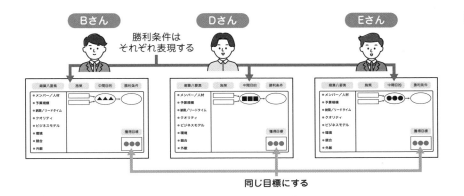

プロマネのBさんのプ譜

Bさんは、PM及び営業という立場とドンドンいこうぜモードで書いています。

kaigeeを社外との商談などの用途にも広げていきたいBさんは、**「企業のあらゆる会議の効率化に製品が使われている」という大きく抽象的な勝利条件**を設定しました。

勝利条件は中間目的に影響を与えます。影響を受けるのはCSのEさんです。

新たに「製品導入時の定量的な成果を提示できるようになっている」という中間目的が追加されました。

これは製品を導入した顧客が、会議時間がどのくらい短縮されたか？ということを数値で示せた方が、顧客が継続利用するときの参考になるだけでなく、営業する際の有効な説得材料になるからです。

また、用途を社外に広げることは開発陣への負荷が高まるということを反省したBさんは、新規開発できるリソースを確保できるように、エンジニアを採用するという施策を追加しました。

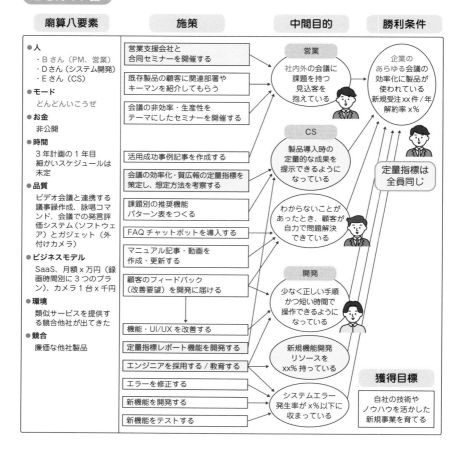

Bさんのプ譜

廟算八要素	施策	中間目的	勝利条件

廟算八要素

- **人**
  - Bさん（PM、営業）
  - Dさん（システム開発）
  - Eさん（CS）
- **モード**
  どんどんいこうぜ
- **お金**
  非公開
- **時間**
  3年計画の1年目
  細かいスケジュールは未定
- **品質**
  ビデオ会議と連携する議事録作成、詠唱コマンド、会議での発言評価システム（ソフトウェア）とガジェット（外付けカメラ）
- **ビジネスモデル**
  SaaS、月額x万円（録画時間別に3つのプラン）、カメラ1台x千円
- **環境**
  類似サービスを提供する競合他社が出てきた
- **競合**
  廉価な他社製品

施策

- 営業支援会社と合同セミナーを開催する
- 既存製品の顧客に関連部署やキーマンを紹介してもらう
- 会議の非効率・生産性をテーマにしたセミナーを開催する
- 活用成功事例記事を作成する
- 会議の効率化・質広報の定量指標を策定し、想定方法を考察する
- 課題別の推奨機能パターン表をつくる
- FAQチャットボットを導入する
- マニュアル記事・動画を作成・更新する
- 顧客のフィードバック（改善要望）を開発に届ける
- 機能・UI/UXを改善する
- 定量指標レポート機能を開発する
- エンジニアを採用する/教育する
- エラーを修正する
- 新機能を開発する
- 新機能をテストする

中間目的

- 営業
  社内外の会議に課題を持つ見込客を抱えている
- CS
  製品導入時の定量的な成果を提示できるようになっている
- わからないことがあったとき、顧客が自力で問題解決できている
- 開発
  少なく正しい手順かつ短い時間で操作できるようになっている
- 新規機能開発リソースをxx%持っている
- システムエラー発生率がx%以下に収まっている

勝利条件

- 企業のあらゆる会議の効率化に製品が使われている 新規受注xx件/年 解約率x%
- 定量指標は全員同じ

獲得目標

自社の技術やノウハウを活かした新規事業を育てる

Bさんと同じ勝利条件の開発のDさんのプ譜

立場とモードが異なれば、中間目的や施策も違ってきます。

Dさんは営業の中間目的を**「顧客の期待値を調整して受注できている」**としました。

これは機能の開発とテスト期間をあまり考慮せず、リリース日を顧客に約束して開発陣に早く・すべてを開発してくれと要求するのではなく、開発リソースと溜まっている開発計画スケジュールを考慮しながら交渉してほしいというDさんからBさんへの要求の現れです。

　それをＢさんが行いやすくするために、開発陣の稼働状況や開発スケジュールがわかるツールを作成しようと考えました。

　また、自分で回答できない問合せを受けたＣＳがそのまま開発陣に質問するのではなく、必要となる情報をヒアリングし、原因を推測して対応方法を案内するといった、一次受けの能力が向上しているという状態をＣＳ陣に要求しました。

　負担を開発とＣＳで分散させようという提案です。そうして創出した時間を、Ｄさんは新機能開発に充てることができるようになります。

Ｄさんのプ譜

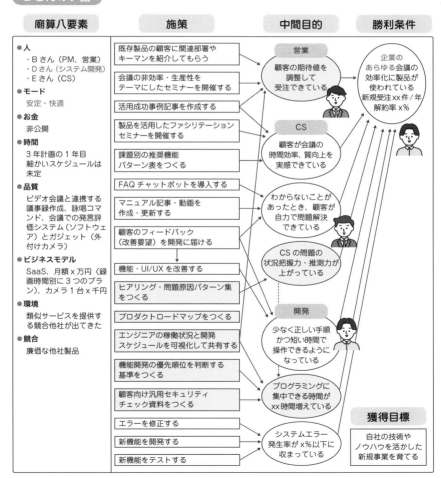

廟算八要素	施策	中間目的	勝利条件
●人 ・Ｂさん（PM、営業） ・Ｄさん（システム開発） ・Ｅさん（CS） ●モード 安定・快適 ●お金 非公開 ●時間 3年計画の1年目 細かいスケジュールは未定 ●品質 ビデオ会議と連携する議事録作成、詠唱コマンド、会議での発言評価システム（ソフトウェア）とガジェット（外付けカメラ） ●ビジネスモデル SaaS、月額ｘ万円（録画時間別に3つのプラン）、カメラ1台ｘ千円 ●環境 類似サービスを提供する競合他社が出てきた ●競合 廉価な他社製品	既存製品の顧客に関連部署やキーマンを紹介してもらう 会議の非効率・生産性をテーマにしたセミナーを開催する 活用成功事例記事を作成する 製品を活用したファシリテーションセミナーを開催する 課題別の推奨機能パターン表をつくる FAQチャットボットを導入する マニュアル記事・動画を作成・更新する 顧客のフィードバック（改善要望）を開発に届ける 機能・UI/UXを改善する ヒアリング・問題原因パターン集をつくる プロダクトロードマップをつくる エンジニアの稼働状況と開発スケジュールを可視化して共有する 機能開発の優先順位を判断する基準をつくる 顧客向け汎用セキュリティチェック資料をつくる エラーを修正する 新機能を開発する 新機能をテストする	**営業** 顧客の期待値を調整して受注できている **CS** 顧客が会議の時間効率、質向上を実感できている わからないことがあったとき、顧客が自力で問題解決できている CSの問題の状況把握力・推測力が上がっている **開発** 少なくとも正しい手順かつ短い時間で操作できるようになっている プログラミングに集中できる時間がｘｘ時間増えている システムエラー発生率がｘ%以下に収まっている	企業のあらゆる会議の効率化に製品が使われている 新規受注ｘｘ件/年 解約率ｘ% **獲得目標** 自社の技術やノウハウを活かした新規事業を育てる

勝利条件が若干違うCSのEさんのプ譜

　勝利条件に記入した「企業の会議の課題が**自社独自の機能・サービス**で解決されている」の「自社独自」にCさんのこだわりを感じます。

　これは競合他社が出てきているなか、無制限に新機能を開発するのではなく、既存顧客の利用状況や得ている効果などから、自社製品の強みと思われるものにアタリをつけて磨き込み、それを支持してくれる顧客を大事にし、同様にそうした強みが活きそうな見込客に営業をかけていこうという考えが反映されているようです。

　この勝利条件は、営業の中間目的にBさんが考えるのとは異なる状態を要求します。「自社のサービスに適合した見込客に販売できている」という中間目的の表現はDさんとは異なる内容で、いけいけドンドンのBさんに釘を刺しています。

　また、施策に「導入前に顧客と成功の定義に合意する」というものがあります。これは、営業時に「こんな効果・変化が出てきていれば成功といえる」というものを営業が顧客と合意しておくことで、製品導入後、その定性・定量指標が実現できていれば、**顧客が契約を更新して継続利用してくれる強力な後押し**になると考えたためです。

　定性・定量指標実現のためには、顧客の利用状況が逐次わかるようになっていないといけません。

　Eさん自身のCSの中間目的に「顧客の利用傾向を詳しく把握できている」という状態が追加され、それを実現するためにDさんに「利用状況を把握し、定期通知するシステムをつくる」という施策を依頼しています。

　つながり強化モードの施策には影響で、「会議をテーマにしたコミュニティをつくる」と「製品のユーザーコミュニティをつくる」という施策が記載されています。

　これらの施策は顧客とのつながりを強化しつつ、製品を導入して成果を出している顧客と、そうありたい顧客を結びつけることで、製品をもっと使おうという顧客の気持ちを後押ししたり、CSの提案資料作成やユーザーにわからないことがあったときの問合せ対応の負荷を下げるといった効果を期待しているようです。

Eさんのプ譜

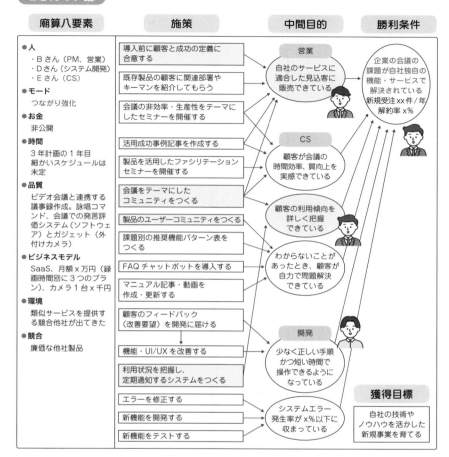

廟算八要素	施策	中間目的	勝利条件

●人
・Bさん（PM、営業）
・Dさん（システム開発）
・Eさん（CS）

●モード
つながり強化

●お金
非公開

●時間
3年計画の1年目
細かいスケジュールは未定

●品質
ビデオ会議と連携する議事録作成。詠唱コマンド、会議での発言評価システム（ソフトウェア）とガジェット（外付けカメラ）

●ビジネスモデル
SaaS、月額x万円（録画時間別に3つのプラン）、カメラ1台x千円

●環境
類似サービスを提供する競合他社が出てきた

●競合
廉価な他社製品

施策:
- 導入前に顧客と成功の定義に合意する
- 既存製品の顧客に関連部署やキーマンを紹介してもらう
- 会議の非効率・生産性をテーマにしたセミナーを開催する
- 活用成功事例記事を作成する
- 製品を活用したファシリテーションセミナーを開催する
- 会議をテーマにしたコミュニティをつくる
- 製品のユーザーコミュニティをつくる
- 課題別の推奨機能パターン表をつくる
- FAQチャットボットを導入する
- マニュアル記事・動画を作成・更新する
- 顧客のフィードバック（改善要望）を開発に届ける
- 機能・UI/UXを改善する
- 利用状況を把握し、定期通知するシステムをつくる
- エラーを修正する
- 新機能を開発する
- 新機能をテストする

中間目的:
営業
自社のサービスに適合した見込客に販売できている

CS
顧客が会議の時間効率、質向上を実感できている

顧客の利用傾向を詳しく把握できている

わからないことがあったとき、顧客が自力で問題解決できている

開発
少なく正しい手順かつ短い時間で操作できるようになっている

システムエラー発生率がx%以下に収まっている

勝利条件:
企業の会議の課題が自社独自の機能・サービスで解決されている
新規受注xx件/年
解約率x%

獲得目標
自社の技術やノウハウを活かした新規事業を育てる

❷ your project

your projectでは**メンバーが書いたプ譜を説明し合います**。

your projectの目的は、それぞれの異なる視点・見方を共有し、対話し、学び合い、相違によって一層の相互理解を促すことです。

相違による相互理解の促進は、複数の見方を統合した解決策を生み出す可能性もあり、合意はこの過程から副産物のようにもたらされることもあります。

your projectは多様な意見や価値観が並立し、それぞれが他を受け容れている状態（**アコモデーション**）から、意見の一致である**コンセンサス**へ向かう過程です。ここでour projectへ向かうための材料が出そろい、基盤がつくられます。

1つのプ譜を自分一人で書くということは、自分の関心事、関係情報、理由と意図などを含む、自分の考えるプロジェクトの進め方を表明するということです。

プ譜はその進め方や構造を可視化するものですから、説明も理解もしやすくなっています。your projectで他のメンバーの説明を聞くと、PMやリーダーからは「それを勝利条件と考えていたの？」や、「自分の考えが全然通じていなかった」といった感想がしばしば出ます。

メンバーからは「リーダーの考えていることがよくわかった」「他のメンバーがこんなことを心配しているのかということがわかった」という声が出ます。

また、知らなかった利用可能な資源や人脈、障害になりそうな人物やルールとその攻略・回避方法といった現場の知恵も出てきます。

your projectは以下の手順で行います。

---

❶ **プ譜を共有し合うグループをつくる（1グループ3〜5名が妥当）**

❷ **グループ内で「話し手」と「聞き手」に分かれる。話し手は1人。他が聞き手になる（1人の説明時間は15〜20分が妥当）**

❸ **話し手はプ譜を相手に見せながら、勝利条件→廟算八要素→中間目的→施策の順で説明する**

❹ **聞き手は、話し手の内容について、2種類のメモをする**
- 気になった、違和感があった、辻褄が合っていない、仮説の飛躍、強いこだわりを感じたもの
- 「これはいい」「自分も取り入れたい」と思えた勝利条件や中間目的の表現、施策

❺ **話し手の説明が終わったら、聞き手はメモを話し手に渡し、そこから質問を2〜3つする**

❻ 話し手は説明に使ったプ譜をコピーし、もう１枚に聞き手からの質問を追記し、回答する。回答した内容は自分でメモしておく。質疑応答の時間は５〜10分が妥当

❼ 話し手は聞き手のメモや聞き手との質疑応答を元に、最初に書いたプ譜の変更・修正を行う。時間は内容によるが10〜20分程度が妥当

この手順を行ううえでいくつかのルールがあります。

グループについて

　プ譜を共有し合うグループは本章２節でみたような相互依存関係にある異なるチーム・メンバー間で行います。

　同じチームで行うのではなく、別チーム・別部門の人をグループにした方が、新しい視点や気づきを得やすくなるからです。

聞き方について

　聞き手は話し手の説明をできるだけ好き・嫌いという自分の価値観を加えず、いったん受け容れます。

　「受け容れる（受容）」とは、自分の推測・解釈を加えず、共感して聴くことです。**ボトムアップ型「共有→合意」モデル**のマインドセットを意識しましょう。

　特に自分の考えが正解だという誤った信念は、相違を対立に発展させかねません。共感して聞くことが難しい場合は、「自分が話し手のプ譜の実行を任されるとしたら？」と仮定して聞きます。

質問について

　質問はyour projectにおいて、大変重要な役割を持っています。

　まず**質問を最低３つするというルール**は、聞き手に話し手の説明をしっかりと聞くことを促します。

　漫然と聞いていては、中間目的間の辻褄の合わなさや、手持ちのお金・時間などの制約と選択した施策の実施可能性の低さ、複数ある施策のトレ

ードオフといった"深い"ことに気づかず、プ譜に書かれた誤字や言い間違いといった"浅い"ことにしか気づけないからです。

- **しっかりと聞こうとする姿勢が大切**

話し手にとって、相手が話を聞いてくれていないと感じることは、相手への不信感、自信の喪失などにつながります。

質問は話し手の計画の因果関係を明らかにしたり、不整合を整えたりするためのフィードバックです。

これを行うことで、施策の目的が不明確なときに適切な中間目的に結びつけたり、良い中間目的があるのに施策がないときに、新しい施策を考えることができます。

1人のプ譜の精度が上がるほど、our projectでより良い計画にしていくための素材としての価値が上がります。

質問をすればそれが的を射ているかどうか確認でき、話し手が自分の考えを変更・修正・更新した方がいいのかどうかについて、考える機会と選択肢を得ることができます。

また、話し手はいざ話し始めると、書いたときはバッチリと思えていたことにモレ・ヌケがあることや辻褄が合ってないことに自ら気づきます。他のメンバーからの質問を待たずとも自ら計画を変更した方がいい思うようになります。

実際にyour projectで質問と対話を行う参考として、Bさんたちのyour projectの様子を見ていきましょう。

Bさんのプ譜への質問

Bさんの説明を聞いたDさんは「エンジニアを採用する」施策が気になったので質問することにしました。

 エンジニアの採用はありがたいですが、採用できそうですか？

採用代行サービスに聞いているですが、即戦力は難しそうです。

即戦力じゃないとなると、私が教育することになりますよね……？　教育の時間を取ることで、開発やテストの時間が減るので、一定期間開発スピードは落ちますね。

　即戦力でない場合の教育コストを考慮していなかったBさんは、Dさんの質問によって採用コストをもう少しかけるか、即戦力を採用できるまでは、新機能開発を条件にした受注は控えた方がいいと考えたようです。

Dさんのプ譜への質問

　Dさんのプ譜の説明を聞いたBさんは、営業の中間目的に書かれた「見込客の期待値を調整して受注できている」が気になりました。

見込客の期待値を調整するというは正しいと思います。契約金額が大きい企業からの機能開発を優先してほしいです。何かいい方法はないですか？

社内用につくっていたプロダクトロードマップを、見込客にも見せるのはどうですか？　「御社の要望に関連する機能開発は何ヶ月後なので、そのタイミングで一緒に開発できれば…」みたいな言い方で。

それなら今すぐ開発じゃなくても、納得してもらえるかもしれないです。

　Dさんが書いたプ譜では出なかったクライアントとのプロダクトロードマップの共有という施策案がBさんからの質問がきっかけで生まれました。クライアントの要望に振り回れず、自分たちの製品の計画を示すことで、クライアントとの関係性も変わりそうです。
　Eさんは自身に関係する「CSの状況把握力や推測能力を上げる方法」について質問しました。

CSの状況把握力や推測能力を上げる方法は「ヒアリング・問題原因パターン集をつくる」という施策で十分ですか？

私が原因を調査する際に必要な情報があれば十分なので、この表現は変えた方がいいかもしれないですね。
「問題が起きたときに確認するべきもの」は私がつくれるので、過去の質問をまとめる作業はEさんにお願いしたいです。

過去の質疑応答をエクセルに記録しているので、すぐにできると思います！

　自身の業務に関わる中間目的・施策について気になる点があれば、このように必ず確かめるようにしてください。

Eさんのプ譜への質問

　CS担当のEさんが書いたプ譜に対しては、Dさんが抽象的だと感じた表現について質問が出ました。

Eさんは勝利条件の「自社独自の機能・サービス」について、どんなものが独自と考えているのですか？

詠唱コマンドは独自機能で、お客さんの反響も良く、これを使いたいという見込客に営業していった方がいいと思います。

実際、営業時のデモでも、「メンション（@）、Cさんに、ハッシュタグ（#）、メルマガ配信」と詠唱してそれが議事録に記載されると盛り上がりますね。

詠唱コマンドは顧客のタスクと担当者漏れ防止や会議を楽しくするための機能ですが、それって顧客の会議の課題の中でどのくらい解決すると助かるものですか？

タスク漏れ防止は重要ですが、困っている度合いとか助かる度合いというものを、他の課題と比較したことはないですね……。

それを数値化して比較したら、機能開発の優先順位の参考になるし、競合優位性の高い「自社独自の機能」になるのでは？

　このような質疑応答を通じて、より一層相手の考えていることの理由や背景を知り、相互の共通点や合意できる点も見つけることができるようになります。

❸ our project

　my projectとyour projectを経て、メンバーは十分な情報と、自分の意見や考えを表明し、話し合う機会を得ました。メンバーの考えの背景や構造も理解できています。

　この土台をもとに行う **our project** は、**メンバーが対話を通じて多様な見方を統合し、単一文書手続きを用いて合意するプロセス**です。

　単一文書手続きとは、メンバーが各自作成した様々な意見・提案を、**1つの文書＝プ譜に集約する**ことです。メンバー全員がこのプ譜の作成に関わります。our projectはPMやリーダーからの一方向の情報伝達ではなく、メンバーの積極的な関わりと努力があって成り立つものです。

　our projectを行うには以下の事前準備をします。

---

❶ **実施方法を決める（オンラインかオフラインか？など）**

❷ **ファシリテーターとその場でプ譜を書くメンバーを決める**

❸ **全員で議論して完成させるプ譜を用意する。プ譜には獲得目標と廟算八要素を書き入れる（廟算八要素は各メンバーが書いた情報をモレなくダブリなく入れておく）**

❹ **メンバーが作成したプ譜を提出してもらい、勝利条件、中間目的、施策ごとにバラバラにする**

❺ **バラしたものを、記載されている言葉をもとに分類しておく**

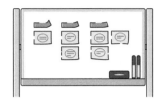

付箋などに書いて
ホワイトボードや壁に貼っておく

パワポならプ譜とは
別のシートに貼っておく

ファシリテーターの仕事は第1章から第3章までカウンセラー役がしてきたような、中間目的の順序や依存関係に気をつけたり、似て異なる勝利条件や中間目的の表現を、全員がよりしっくりくる言葉になるように、問いかけによって探していくことです。

PMやリーダーは、**選択肢の決定をする役割**の方が大切です。ファシリテーターを務める必要はありません。

議論をPMが恣意的にコントロールすることを防ぐために、別の人物や第三者にファシリテーターに担ってもらうことをおすすめします。

プ譜を書くのはファシリテーターかPMが担うことをおすすめします。その場で全員が納得する言葉を決めていく重要な役割になるからです。

our projectは以下の手順で行います。

---

❶ 前提の確認

- 獲得目標と廟算八要素が記載されたプ譜を掲示・画面共有し、内容にモレ・ヌケ、誤りがないかを確認する

❷ 言葉の定義の合意

- 意味の似ている勝利条件・中間目的・施策の言葉をしっくりくるものに統一する

❸ 勝利条件の合意

- 最も取り組みたいと思える1つの表現に統合する

❹ 中間目的と施策の合意

- 決定した勝利条件を実現するための中間目的を選ぶ
- 中間目的の順序、依存関係を考慮して並べ替える

- 各中間目的を実現する施策を、各施策に必要な時間・作業量・難易度と、廟算八要素やトレードオフを考慮して取捨選択する
- 上記と並行して各中間目的と施策の担当者を決める
- 必要な時間と作業量を見積もり、取り組む順番とスケジュールを決める

❺ 参加者の合意の確認

ここからは再びBさんたちのプロジェクトを例に、上記の手順に則って3人の考えた計画を1つに統合して合意していく様子を見ていきましょう。ファシリテーターは外部からきたカウンセラーが務めます。

❶ 前提の確認

最初に行うことは、**獲得目標**と**廟算八要素**の確認です。

Bさん、Dさん、Eさんの書いていることはすべて同じですが、Bさんは競合他社の存在を強く意識していることがyour projectの質疑応答の中で感じ取れます。

メンバーがどの情報に重きを置いているのか、懸念していることがないかを確認しておきます。

❷ 言葉の定義の合意

意味が似ている複数の勝利条件・中間目的・施策があれば、それを1つにします。

例えば、「製品導入時の定量的な成果を提示できるようになっている」と「製品導入時の費用対効果を提示できるようになっている」という中間目的があったなら、この似ている表現を1つにすることを試みます。

「定量的な成果」と**「費用対効果」**は似ていますが、前者の方が後者よりも、製品導入により業務スピードや業務量など測定する項目が多くなりそうです。どちらの表現を採用するかで実行する施策は変わるので、メンバー間で定義を決めなければなりません。

❸ 勝利条件の合意

our projectで難しいのが、中間目的や施策がガラリと変わるほどの**勝**

利条件が複数ある場合、それらををを1つにすることです。

　勝利条件が複数あるとき、それを1つの表現に統一する、あるいはどれか1つを選ぶための問いかけには以下のものがあります。

● 共存	● これらの勝利条件を1つにできますか？　共存できますか？ ● 共存できるとしたら、互いの勝利条件をどのように変更できますか？
● 近位と遠位	● 一方の勝利条件を実現することが、もう一方の勝利条件の礎にならないですか？
● 必要条件と十分条件	● どの勝利条件が真の目標にとって必須で、何が"あればなお良し"というものですか？
● 上位に遡る	● これらの勝利条件に共通する、より上位の勝利条件は何でしょうか？
● 上位に遡る〜問い	● 取り組む○○（プロジェクト）で明らかにしたいことは何でしょうか？

　これらの問いかけを、複数存在している勝利条件の種類や勝利条件間の関係を確認して用います。

　BさんとDさんの勝利条件は「企業のあらゆる会議の効率化に製品が使われている」で、Eさんは「企業の会議の課題が自社独自の機能・サービスで解決されている」です。

　この異なる勝利条件のどちらかを選ぶのか、統合した表現にするのかを、前述の問いかけから相応しいものを選んでいきます。

　1つの問いかけですぐに決まることはないので、相手との問答・対話の流れに応じて、いくつかの問いかけを用います。

　Bさんたちのケースは言葉の意味が抽象的で互いの違いがわかりづらいため、具体的にすることから始めます。

　BさんとDさんの「企業のあらゆる会議の」と、Eさんの「企業の会議の課題」には、どのような違いがあるんでしょうか？

「あらゆる」は「社内と社外の会議」という意味です。

私は社内用途メインですが、社内でも社外でもいいと思います。

 社内向けにするか、社外向けかの選択が迫られているわけではないんですね？

最初は社内向けに特化して機能開発・サービス提供した方がいいと考えましたが、競合が出たらそうも言ってられないです。

 製品は社内でも社外でも使われて良いとなると、違いはどこにあるでしょうか？

いい発言や質問の評価機能や詠唱コマンドです。今はまだないですが、非機能的なサービスということで会議に関するコミュニティも独自のものになると思います。

　your projectで互いのプロジェクトの進め方については理解をしているはずです。しかし、your projectでは他者の考えを知る・受け容れるところで止まっている場合が多く、どのような違いがあるのかを具体的にしておく必要があります。この違いを明らかにすることが、勝利条件を1つにしていく取っ掛かりになります。

　1対1での対話ではなく、our projectでは複数人が参加します。そのため言葉の意味や定義を決定は、必ず参加者に確認しながら進めます。

 BさんとDさんの勝利条件は、Eさんの「自社独自の」が意味するものと共存できますか？

できると思いますし、そうした方がリソースを集中できるのでそうすべきだと思います。

私も同感です。

では、なんと表現できそうでしょうか?

「企業の会議における負が自社独自の機能・サービスでゼロになっている」はどうですか?

 「負」というのはあいまいさを感じますが、このままでもプロジェクトの営業・CS・開発の方針や判断基準になるでしょうか?

判断基準にはなっていませんが、製品開発で使っているプ譜（第2章P103）の中間目的を参考にして、会議における負の状態を重要なものから定義して、「その状態が解消できている」という表現にしておくというのはどうでしょうか?

それならわかりやすいですね。

 プロジェクト全体の勝利条件のあいまいさは許容し、雑務や負の定義は製品開発のプ譜などでしっかりと定義すればいいということですね。では、あらためて勝利条件の表現を決めましょう。

「企業の会議における雑務が自社独自の機能・サービスで解決され、他の業務に使える時間が増えている」というのはどうでしょうか?

この先の「質の向上」も見据えている感じがするので、私はこれでいいです。

どんな業務に時間を使えたかをヒアリングすることで、導入の成果も見えてくると思うので、私も賛成です。

　以上のやり取りを通じて、**全員が合意する勝利条件が設定**されました。これを勝利条件の欄に記入して、実現するための中間目的と施策を決定していきます。

❹ 中間目的と施策の合意

　中間目的と施策の設定の仕方と問いかけ例は第1章と第2章で説明したものと同じです。our projectでも進め方は変わりません。

　your projectを経て多様な中間目的と施策が出ているので、1人で何もない状態からプ譜を書くよりもラクです。どの中間目的と施策を採用しようかという楽しさも感じることができます。

　一方で**選択するということは「やらない施策」を決めること**です。しないことを決めるのは難しい行為ですが、これをしない限り議論は終わりません。

　勝利条件という未来からの期待と、廟算八要素の人・お金・時間といった要求の双方から、**実施すべき・実行可能な中間目的と施策を選択していきましょう。**中間目的と施策の取捨選択の問いかけには、以下のものがあります。

中間目的と施策の問いかけ例

方法	・そのやり方を知っていますか？ ・どれがラクですか？ミスが起こりにくいですか？
分担	・それは誰がやりますか？　誰がやれますか？
資源	・それをやるための学習・習得コストはどのくらいですか？ ・それをやれるスキル、リテラシー、時間はありますか？
速度、 インパクト	・なにがすぐに実行できますか？　何に時間がかかりますか？ ・いつ着手できますか？　いつ終わりますか？ ・どれが早く成果が出ますか？
因果	・その施策を実行するとどんな状態になりますか？
トレードオフ	・その施策を行うことで得られるものと失うものは何ですか？

　選択肢を消去することにチームが合意すれば、そのたびにそれが小さな成功となり、チームに協調関係が生まれます。

　現時点では採用しなくても、フェイズや環境が変わったりすれば採用する可能性もあるので、完全に捨て去るというよりは、使うかもしれない手駒として保留しておけば良いです。

　your projectの段階ではなかった**新しい施策の提案**が出てきた場合は、

提案の理由をたずねてから、必ず中間目的にひもづけます。

　ひもづくものがなく、どうしても必要と思われるなら、新しい中間目的を作成してから施策をひもづけます（詳しくは第6章）。

・ 関わるプロジェクトメンバーが多い場合

　人数が多い場合は、複数のグループをつくって対応します。1グループを3〜5名にして、各グループでmy projctからour projectを行います。

　そして、各グループから代表者を1名選出し、その代表者同士でyour projectとour projectを行います。この単位であれば60〜180分に納められるからです。

個々のプ譜を素材として1つのプ譜にまとめるイメージ図

メンバーが書いたプ譜を重ね合わせ、
他者の表現を参照しながら、より正確で、豊かな計画にしていく

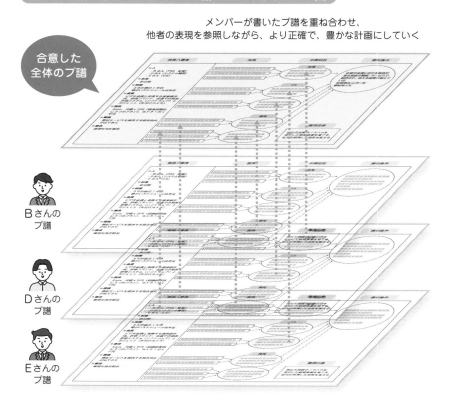

合意した
全体のプ譜

Bさんの
プ譜

Dさんの
プ譜

Eさんの
プ譜

❺ 参加者の合意を確認する

勝利条件、中間目的、施策を設定したら、our projectが終了したときのチェック項目を確認して、参加者の合意を確認します。

- 全員が勝利条件をはじめとする、プ譜に表現した仮説に妥当性を感じているか？
- 中間目的・施策の担当者は、自身の指標を理解しているか？
- 他の中間目的・施策の助けとなる自身の貢献を理解しているか？
- 自身の目標を達成するうえで、他の中間目的・施策単位から期待することのできる貢献が明らかにされているか？
- 合意した内容によって、関与者の誰か・部署の置かれた状況が、合意しない場合よりもさらに悪くなることがないか？

この確認が済めば、全員が合意したことになります。

合意したプ譜はいつでも確認できるよう、クラウドに置いておいたり、オフィスのホワイトボードや壁などに掲示したりしておきます。

プ譜を使っている人の中には、自分のデスクトップに貼りつけている方もいました。

オフィスのホワイトボードや 壁などに掲示する

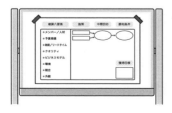

自分のデスクトップに 貼りつける

プ譜を用いた合意形成の過程で得られる効果

システム開発の現場では、顧客の要件を**要求仕様書**という文書にします。文書にする目的は、システムのゴールを明らかにし、顧客とベンダー間で合意するためです。

一般に、顧客はこうした要求を定義する「プロ」ではないため、要求を受け取ったベンダー側が、要求仕様書を作成する過程で仕様モレや仕様間の衝突を発見しています。

社内プロジェクトであっても企画書や要求仕様書にあたるものを作成しますが、社内、社員だからと通じている気にならず、互いの要求を知ることに意識的になってください。そのための道具として**プ譜とプ譜を使用した合意形成の方法**が活用できます。

your projectとour projectは、個人とプロジェクトチームのレベルでそれぞれの効果を持っています。

個人レベルでは、まず思考を深くすることができます。学習的な側面からは、**思考力が発達するという効果**が期待できます。

チームレベルでは、**集団的問題解決の可能性**が開かれます。

さらに、メンバーは対話を通じて異なっていることと結びついていることの両方が求められていることを実感します。そこには「説明→同意」モデルではなされない、参加者への十分な情報提供や、参加者からの意見と相手の立場に関心を寄せ、それらと自分を結びつける行為が含まれています。

これにより集団を形成し維持する効果が生じるのです。

合意形成というと互いの利害や思惑を調整していく気の重い作業のように思いがちです。実際にそのような面はありますが、チームの「語彙」を豊かにし、自分たちのプロジェクトを表現する共通言語を獲得していく創造的なプロセスでもあります。

これらのことは、未知のプロジェクトに挑むチームづくりにとって必要なプロセスとなります。

第5章

ふわっとあいまいな
プロジェクトの進め方

世間の波や圧を受けて始まった社内のDXプロジェクト。
生産性向上、効率化など色々な目的があるようですが、上司の
指示はあいまいで、何をしたいのかよくわかりません。決めら
れた価格や機能を満たせばいいプロジェクトと違って、どう
やって評価したらいいのかも不明確です。
この章では、第1・2章よりも未知の度合いが大きく、あいまい
な社内プロジェクトの仮説の立て方と評価指標のつくり方を
紹介します。

#仮説立案　#あいまい・多義性症候群　#社内プロジェクト　#問題設定
#問題定義　#遡る　#先行事象・後続事象　#評価　#測定

01 取り上げるプロジェクトの特徴と登場人物

○ プロジェクトの特徴

　予算・スケジュール・必要な機能などが定められたシステム開発プロジェクトや、時間やお金などのコスト削減プロジェクトには、明確な**定量指標**があります。定量指標は**測定がしやすく進捗の確認が容易**という利点があります。

　一方、わかりやすい指標がないプロジェクト、測定方法が決まっていないプロジェクトもあります。ここでは、こうした特徴を持つプロジェクトを取り上げます。

　例えば、データを活用した店頭での接客体験向上、社員のエンゲージメント向上、マネージャ層のアドバイス力向上、リハビリテーション病院内の教育プログラム作成、店舗のバックヤード改善などがあります。

　このようなプロジェクトは、テーマやお題だけが与えられて、具体的なことは現場にお任せという「ふわっ」としたものが多いです。

　「オープンイノベーション」「働き方改革」「地方創世」「DX」「ダイバーシティ」「リスキリング」「SDGs」など、世の中を賑わすテーマに自社も飛びつくと、この傾向が強くなります。

　わかりやすい指標がない、あいまいな**プロジェクト**は、予算・納期・品質の条件が細かく設定されたプロジェクトとは異なる難しさがあります。

　また、プロジェクトの内容、組織の体制によっては自分が直接管理・コントロールできるものと、間接的にしか関与できないものがあります。

　本章ではこのような特徴を持つプロジェクトを解説する題材として、「**会議の生産性向上**」というふわっとしたお題のプロジェクトを選びました。そして、その手段としてのツール導入部署と利用部署が異なるという設定にしました。

登場人物とプロジェクトの関係

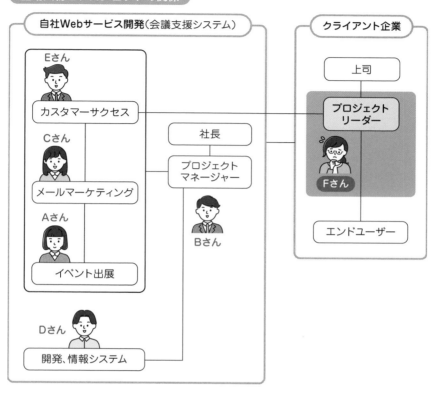

自社Webサービス開発（会議支援システム）

Eさん
カスタマーサクセス

Cさん
メールマーケティング

Aさん
イベント出展

社長
プロジェクト
マネージャー

Bさん

Dさん
開発、情報システム

クライアント企業

上司

プロジェクト
リーダー

Fさん

エンドユーザー

今回の登場人物

人事総務部で入社5年目。所属部署で以前経理・会計の
自動化ソフトを導入してコスト削減を成功させた経験を
買われて、会議の生産性向上プロジェクトのリーダーを
任されました。他部門にツールを導入して使ってもらう
のは初めての経験です。

Fさん

02 取り上げる問題、担当者の悩み

- そもそも取り組むプロジェクトを間違っている（あいまい・多義性症候群）
  - プロジェクトオーナーがテーマだけを適当に渡している
  - わかりやすい、目についた良さそうな解決策・成功事例に飛びついてしまっている
  - 限られた視点からしか考えていない
- お題がふわっとしすぎていて計画に落とし込めない（あいまい・多義性症候群）
  - インプット、アウトプット、アウトカムの関係がよくわからない
- ふわっとした目標を、どのように評価していいかわからない（あいまい・多義性症候群）
  - プロジェクトを実行して起こしたい変化を言語化できない
  - 言語化した変化の測定方法がわからない

予防策・対策

- なぜこのプロジェクトに取り組むかを遡（さかのぼ）って考える
- あるべきではない状態から考える
- 未来に起こしたいことの原因を探す
- インプットではなく状態の変化を評価する

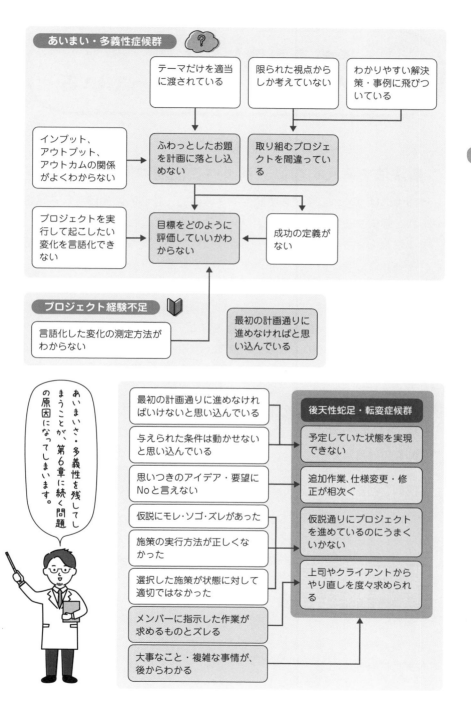

あいまい・多義性症候群

- テーマだけを適当に渡されている
- 限られた視点からしか考えていない
- わかりやすい解決策・事例に飛びついている

- インプット、アウトプット、アウトカムの関係がよくわからない
- ふわっとしたお題を計画に落とし込めない
- 取り組むプロジェクトを間違っている

- プロジェクトを実行して起こしたい変化を言語化できない
- 目標をどのように評価していいかわからない
- 成功の定義がない

プロジェクト経験不足

- 言語化した変化の測定方法がわからない
- 最初の計画通りに進めなければと思い込んでいる

あいまいさ・多義性を残してしまうことが、第6章に続く問題の原因になってしまいます。

- 最初の計画通りに進めなければいけないと思い込んでいる
- 与えられた条件は動かせないと思い込んでいる
- 思いつきのアイデア・要望にNoと言えない
- 仮説にモレ・ソゴ・ズレがあった
- 施策の実行方法が正しくなかった
- 選択した施策が状態に対して適切ではなかった
- メンバーに指示した作業が求めるものとズレる
- 大事なこと・複雑な事情が、後からわかる

後天性蛇足・転変症候群

- 予定していた状態を実現できない
- 追加作業、仕様変更・修正が相次ぐ
- 仮説通りにプロジェクトを進めているのにうまくいかない
- 上司やクライアントからやり直しを度々求められる

そもそも取り組む
プロジェクトを間違っている

⚪ 解決法を考える前に、「解くべき問題は何か？」を問う

世の中には、そのときどきで政治的・経済的・社会的に注目される課題やそれを解決する手法、考え方、ワードというものが出てきます。

そうしたモノゴトを会社としても無視できない時勢や雰囲気になったとき、ふわっとしたプロジェクトは生まれてきます。

ふわっとしたプロジェクトは **「問題定義（解決すべき問題を明確に設定すること）」があいまい**です。

SDGsといっても、貧困・教育・環境など17のどの目標に取り組むのか？　目標を環境に定めたとして、社内の消耗品を環境にやさしいものに変えるプロジェクトに取り組むのか、環境にやさしい製品を開発するプロジェクトにするのかという、複数の定義が可能です。

問題定義の「問題」は「プロジェクト」と読み換えることができます。ふわっとしたプロジェクトでは、どのプロジェクトに取り組むのかを自分で決めなければなりません。

色々なことが決まっていない状態を長く耐えるのは難しい

漠然としたテーマからどのプロジェクトに取り組むのかを決めて、目標を設定し、その計画を立てるというのは雲をつかむような話です。

プロジェクトマネージャーは、早くプロジェクトの方向性を決め、計画を立てたくなります。そんなときに与えられたテーマに関する海外や他社の成功事例を知るとそれに倣いたくなり、関連する製品やコンサルティングに頼りたくなります。

より多くの情報を集めようとする人もいますが、それではいつまで経っても実行に移れません。

　特定の製品やコンサルティングが提供するソリューション（解決方法）は、あるテーマにおける1つの問題の取り組み方でしかありません。

　他社にとって取り組むべき問題でも、自社にとっては取り組むべき問題ではなかったということが十二分にあり得ます。

　一度問題を設定してしまうと、その問題を解くことに意識も資源も集中させてしまい、別の取り組むべき問題の存在を忘れてしまいます。

　したがって、ふわっとしたプロジェクトでは、まず**「取り組むべきプロジェクトは何か？」**を問わなければなりません。

○「なぜ」から導く解くべき問題

　「どのように問題を解くべきか？」ではなく、**「解くべき問題は何か？」**を発見して設定するには**「遡る思考法」**が有効です。

　「遡る思考法」は、今取り組もうとしている問題よりも**上位の問いに遡る**ことによって、今とは異なる問題の解釈の仕方、他に解くべき問題の所在を発見する方法です。

　遡るためには「なぜ」「そもそも」「とは」といった問いかけ方があります。

　まずは「なぜ」と「そもそも」の問いかけから遡り、**解くべき問題を発見する練習**をしてみましょう。

◎「なぜ」と「そもそも」から導く解くべき問題

取り組むべきプロジェクトを決めるとき、はまりがちな落とし穴として**「目標の中に解決策を埋め込んでしまうこと」**があります。

ある目標を実現するための手段が固定されていると、計画の柔軟性や幅を狭め、解くべき問題の存在に気づけなくなります。

「なぜ」は理由や経緯を問う問いかけです。

「そもそも」とは、はじめ、最初、発端、根本的に、元々といった意味です。

プ譜を用いて「そもそも」と問う場合は、**「いま、問題が発生している根元」の前提を疑う**ことを意識して使います。

それによって、「いま、発生している問題」ではなく、**より根本的な解決につながる別の問題に取り組めるようになる**ことを狙います。

◎ ドリル：運送時の瓶の容器の破損を防げ

みなさんは食品メーカーの物流担当者です。

工場から各店舗に食品の入った瓶の容器をトラックに積んで各店舗に運びたいのですが、運送中に壊れる瓶の数の多さが問題になっています。

みなさんは、この**「運送時の容器破損防止」プロジェクト**を任されました。

勝利条件（破損率が○％以下に収まっている）を実現するために、運送時の要素として梱包やドライバー、車両などを洗い出し、それぞれの要素に対して**破損を防ぐための施策**を講じようとしています。

このまま進めても目標を実現できそうですが、ここでは「なぜ」と「そもそも」と問うことで、眼前の問題には取り組まず、**この問題が発生する前の根元の問題解決**を考えていただきます。

考え方のコツは「運送時の容器の破損を防ぐ」という目標に入っている手段を一度外してみて、その手段に対して、「なぜ」、「そもそも」と問うてみることです。

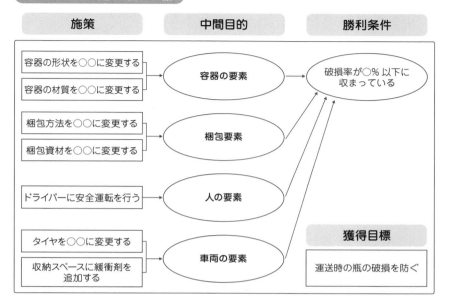

運送時の瓶の破損を防ぐプ譜

施策	中間目的	勝利条件

容器の形状を○○に変更する
容器の材質を○○に変更する
→ 容器の要素

梱包方法を○○に変更する
梱包資材を○○に変更する
→ 梱包要素

ドライバーに安全運転を行う
→ 人の要素

タイヤを○○に変更する
収納スペースに緩衝剤を追加する
→ 車両の要素

破損率が○％以下に収まっている

獲得目標

運送時の瓶の破損を防ぐ

• **なぜ「瓶」でなくてはならないのか？**

「運送時の瓶の破損を防ぐ」には、「瓶」という手段が入り込んでいます。「瓶」に対して「なぜ、瓶を用いるのか？」と問うてみましょう。

目標は破損を防ぎ"さえ"すればいいので、瓶ではない別の割れにくい素材を用いるようにすれば、この問題には取り組まずに済みます。

現状、瓶を使うのは、見た目や製品の触感など、購入者の満足度を考えてのことで、同じ体験を担保できさえすれば瓶である必要はありません。

この方向で解くべき問題を設定するなら、例えば「購入者のブランド体験を損なわない、割れない容器を開発する」というプロジェクトに取り組むことになるでしょう。

• **そもそも車で輸送しないといけないのか**

「運送」もまた届けるための手段です。施策にタイヤやドライバーと書いてあるように、運送は車で行うことが前提になっています。

「そもそも、車である必要があるのか？」 と問うことで、別の運送手段

を講じたり、運送距離の長いことが破損リスクを高めるのであれば、工場を増設したり移動させたりするということも考えられます。

○「とは」から導く解くべき問題

　これまでも目標の成功の定義（勝利条件）、要素の状態の定義（中間目的）など、定義することの大事さを説明してきました。

　ここでは目標に使われているあいまいな**ふわっとした言葉の定義を問います**。

室長がちょうどいいサービスを見つけてきた

　Ｆさんは商社の人事総務部に所属しています。

　世間のDXの波に乗り遅れまいと部内に「DX推進室」がつくられ、そのメンバーの一人として「**DXで会議の生産性を向上させる**」というふわっとしたお題を与えられました。

　ＦさんはDX、会議、生産性といったテーマの書籍を読んだりセミナーを聴講したりしましたが、この３つをどのように組み合わせて何をすればいいかを決めることができません。

　そんなとき、Ｆさんの上司のDX推進室長が、「いいIoTサービスを見つけてきたので、これを使ってみないか」と声をかけてくれました。

　そのサービスには、会議中に会議とは関係のないブラウザやファイルを開いていることを検知したり、居眠りを検知するカメラ機能や、社員が会議に参加した時間と回数がわかる機能、会議室に設置するスピーカーと連動して、会議の残り時間をアナウンスする機能などがあります。

　社員の望ましくない行動を抑制したり会議に費やす時間を可視化して、会議時間や開催回数を減らすことで、あいまいな「会議の生産性向上」という目標を実現してくれるサービスを上司は高く評価しています。

　そこでＦさんは、このツールを入れた場合の進め方をプ譜にしてみることにしました。

　「**DXで会議の生産性を向上させる**」という目標の勝利条件は、「**１回あたりの会議時間が短くなり、開催回数が少なくなっている**」です。

　生産性向上は、会議に費やす時間と回数を減らすことで実現するという

考えのもと、そのための中間目的に、**「会議に集中している」「長く会議室にいられないようにする」**等の状態を設定しました。

導入しようとしているサービスの機能が、**中間目的の状態を実現する施策としてそのまま使えるのは大きなメリットです。**

サービス以外の施策も考えました。会議室から椅子をなくしてしまうというのはＦさんの上司のアイデアで、かなり気に入っているそうです。

できあがったプ譜を見ると、この通り進めていけば会議時間や回数を減らすという勝利条件を実現することはできそうです。

会議のDXのプ譜

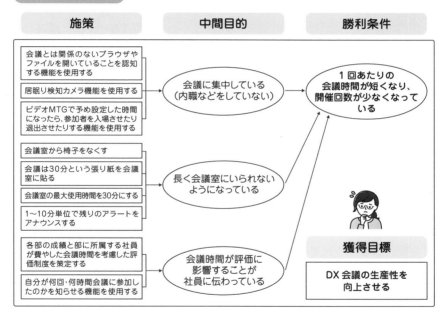

しかし、できあがったプ譜を見ても、Ｆさんは納得がいかないようです。そこで、**「なぜ」の問いかけを使ってこのプロジェクトが起案された理由から聞いてみる**ことことで、Ｆさんが「これならやれる！」「やってみたい」と納得したり手応えを感じられるものがないか、探ってみることにしました。

なぜ会議の生産性向上プロジェクトをすることになったんでしょう？

DXは社長の号令です。会議の生産性向上は役員が日本の会議の生産性が低いというレポートを読んだのがきっかけで、DXと会議の生産性向上がくっついて私の部に降りてきたみたいです。

 複数の人の、複数のテーマがくっついているのですね。「DXで」というのは手段が目標に入り込んでいます。会議の生産性向上はDXなしでは実現できないでしょうか？

これは社長の指示なので変えられないですね……。

 わかりました。では、会議の生産性向上についてはどうでしょう？　レポートの何を読み、会社で行われている会議の何が会社にとって問題と感じたんでしょう？

私にはわからないです。私の上司もたぶん聞いてないです。

　上から降りてくるふわっとしたプロジェクトは、その**意図を詳しく確認する機会が与えられていない**ことがよくあります。

　上述のプ譜に書いたようにプロジェクトを進めると、会議時間や開催回数制限を遵守しようとしすぎて大事な議論や確認ができなかった、というような問題が起きてしまいそうです。

　「なぜ」の問いかけではFさんの悩みを解消することはできなかったので、上位に遡る3つ目の問いかけ、**「とは」を用いてみる**ことにします。「とは」は、言葉の定義を問う問いかけです。

会議における生産性の向上とは、具体的にどういうことを言うんでしょうか？

生産性を辞書で引いたところ、設備・原材料・労働力などのインプットと、生み出した成果物（アウトプット）の比率で表すそうです。
会議に使う時間や回数をインプットとして、それに見合うかそれ以上のアウトプットを出せれば、生産性が向上しているといえると思います。

 そうすると、会議のアウトプットにあたるものは何でしょうか？

議事録とか更新されたスケジュール表などでしょうか……。

 確かに、会議中にできあがるアウトプットにはそれらのものがありますね。では、そのような形あるものとは異なる、形のないアウトプットはあるでしょうか？
例えばFさんのこれまでの経験で、「いい会議だった」「出て良かった」と思えた会議にはどんな特徴や良いことがありましたか？

自分では決めれないことが決まったり、どうすればいいか考えあぐねていることの方針がハッキリ示されたりすると、その後の資料作成などの作業が早く進みましたね。

 そのような方針がハッキリ示される状態が実現できれば、生産性が向上しているといえると思ったのですが、どうでしょうか？

会議が終わったときに、良い意思決定ができていれば、生産性が向上しているといえます。

会議の生産性向上という目標に対して、「生産性向上とは？」とその定義を問うことで、最初は１つしかなかった勝利条件に、もう１つの選択肢が生まれました。

　さらに定義を深掘りしていけば、３つ目４つ目の勝利条件が出てくるかもしれません。

　Ｆさんは、会議時間と回数を勝利条件にしてプロジェクトを進めることに対して納得することができていませんでした。

　「これじゃないんじゃないか？」という違和感を言葉にするために**上位に遡ることで、他の選択肢、つまり解くべき問題が他にもある**ということに気づいてもらうことができたようです。

「会議時間や回数を減らす」方向性のプロジェクト

「良い意思決定ができるようになる」方向性のプロジェクト

　のどちらか、あるいは別の方向性のものを探していくのかを、上司と相談することにしました。

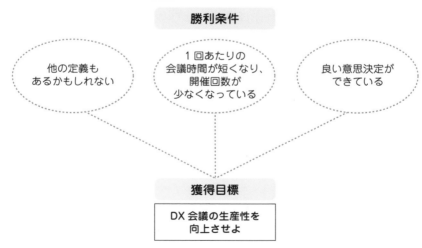

会議の目標と勝利条件の関係

勝利条件

他の定義もあるかもしれない

１回あたりの会議時間が短くなり、開催回数が少なくなっている

良い意思決定ができている

獲得目標

DX会議の生産性を向上させよ

04 お題がふわっとしすぎていて 計画に落とし込めない

◎ あるべきではない状態から考える

プロジェクトの計画は多くの予測を含みます。

システム開発であれば、「まだ存在していないシステムをユーザーがどう使うか?」「それによってシステムがどのように動くのか?」を的確に予見しなければなりません。しかし、それはとても難しいことです。

システムを設計するには、**何らかの方法でユーザーの未来の行動・ふるまいを仮定**しなければなりません。

この行動やふるまいが「どうなっているか?」という状態を定義する**中間目的**です。中間目的は、「未来にこうありたい」と願うこと、未来に起こしたいことの原因になるものです。

これはシステム開発に限らず、あらゆるプロジェクトに共通することです。

未来のあるべき状態を設定した未来予想図をつくる

予測が含まれる未来の設計図は書いている時点から、関係する人々とレビューし合うことで、**早い段階で不要な予測をつぶす**のがベストです。

仮説段階でつぶすことが無理なら、テストできるものやプロトタイプをつくってみて、うまくいくかどうか、どんな反応が返ってくるのかを確かめます。

しかし、事前に予測することも、動かしてみることも難しいプロジェクトや、あいまいなプロジェクトでは、あるべき状態を設定することが難しく、言葉にしたとしても、それがプロジェクトにとって最適なものか自信が持てません。

「あるべきではない状態」から考えてみる

　このような状況で有効な方法が**「あるべきではない状態」から考える**ことです。

　「未来に起きてほしくない」ことを言葉にし、具体的に想像できるようにすることで、本当に望んでいることが何なのかを発見することができ、ふわっとあいまいなプロジェクトの計画が立てやすくなります。

　そこでFさんは**「会議の生産性が低くなっている」状態から考えてみる**ことで、どちらの進め方にするか？　あるいはどちらでもない新しいプロジェクトの進め方があるのかを考えてみることにしました。

　この方法をプ譜を使って行うときは、**中間目的の欄にあるべきではない状態を思いついた順にどんどん書き出していきます。**

　Fさんは会議が始まったとき、会議中、会議終了時の時間の流れをイメージしながら、生産性が低い状態を出していきました。

　似ていると思われる表現でも思いつくまま出していきます。たくさん数を出すことが大事です。

会議中の出来事や参加している人々の様子

決めるべきことが決まっていない
持ち越されている

次に、誰が、何を、いつまで、
どこまでするのか等が決まっていない

参加者が納得・合意していない

時間が伸びている

途中で脱線している

参加者が出席する意味が
なくなっている

大事なことが議事録から漏れている
メモすることの取捨選択ができていない

参加者が内職している

発言が途中で遮られたり、
すぐに否定されている

着地点が決まっていない

大事なことを聞き逃している

他の議題に時間を使いすぎて
しまっている

一部の人しか
発言していない

発言・質問をしづらい・したくないと
思っている・感じている

● あるべきではない状態の先行と後続の事象を整理する

　次は、**先行事象**と**後続事象**を整理します。先行事象と後続事象は第1章で紹介した**順序変数と関連する概念**です。

> ● **先行事象**
> 　行動が生じやすくなる状況やきっかけ
> ● **後続事象**
> 　先行事象によって行動が引き起こされたり増加・強化されること

　プ譜で書き並べる順序は上から下でも、下から上でもかまいません。書き出したあるべきではない状態の先行・後続事象関係にあるものを並べ替えていきます。
　先行事象と後続事象を整理することで、どこから手を打てばいいか、どの状態が重要かということがわかりやすくなります。
　このとき、表現が似ている状態は隣り合わせて枠線で囲ったり、1つの枠内に表現し直すなどして分類しておきます。

● 状態にラベルを貼る

　先行事象と後続事象の整理がついたら、個々の状態に「**ラベル**」を貼ります。ラベルを貼るとは、**中間目的の要素の名前をつける**ことです。
　第1章で要素を出してから状態を書く方法を紹介しましたが、あるべきではない状態から書くときは、状態を書いてから要素の名前をつけます。
　この名づけをしておくことで、自分たちにとっての会議の生産性が高い状態とは何か？や、生産性を向上させて本当にやりたいこと、望んでいること、つまり勝利条件を見つけやすくなります。
　ここからはFさんに問いかけながら、勝利条件の表現を探りましょう。

あるべきではない状態を分類・整理してみて、当初出ていた2つの方向性のうち、どちらを選ぶかは決められそうですか？

「1回あたりの会議時間が短くなり、開催回数が少なくなっている」は、あるべきではない状態から考えると、全体の一部でしかないことがわかりました。

時間や回数を減らすことは大事ですが、どうして時間や回数が増えてしまうのかが、わかったと思います。

それはどのような状態でしょうか?

会議に参加する前に、その会議が何を目的で開催するのかがわかっていて、それにふさわしい人が参加していないといけないです。また、会議中の発言や聞く態度なんかも大事ですよね。

それはなぜでしょうか?

必要な人が参加している前提で、その人が会議の内容に重要な知識やアイデアを持っていても、それを聞き入れてもらえなければ、会議の決定が間違ったり質の悪いものになってしまいます。

良い意思決定というか、質の高い意思決定や参加者が納得して行動するには、参加者から多様な考えを引き出すことが大事ということですね。

はい。それに良い意思決定ができているとやるべきことがハッキリしてすぐに行動に移れるので、アウトプットを出すまでの時間を短くできます。

それは生産性が向上しているといえそうです。自分の考えを取り入れられたり決まったことに納得できている人であれば、質の高いアウトプットを出してくれそうですね。

それですよ! 会議の生産性が高いというのは、みんなが主体的に参加して質の高い意思決定ができていることだと思います。

あるべきではない状態でつくったプ譜

開始からしばらく何のための会議なのかの認識が合っていない

参加者が開催目的をわかっていない

‥‥ ・会議ができるようになるまでの時間・準備
・認識のズレ

参加者が出席する意味がなくなっている

参加者が内職している

‥‥ ・無駄な時間（再確認）

大事なことを聞き逃している

発言が途中で遮られたり、すぐに否定されている（相手の話をよく聞いていない）

発言・質問をしづらい・したくないと思っている・感じている

一部の人しか発言していない

間違ったことや知らないことを質問してしまったら恥ずかしいと感じている

‥‥ ・参加者の主体性、参加意義
・会議内の発言・質問、聞くこと

途中で脱線している

他の議題に時間を使いすぎてしまっている

‥‥ ・不適切な発言・うまくない進行？

大事なことが議事録から漏れている
メモすることの取捨選択ができていない

時間が伸びている

着地点が決まっていない

次に、誰が、何を、いつまで、どこまでするのか等が決まっていない

決めるべきことが決まっていない
持ち越されている

‥‥ ・できていない意思決定
・無駄な時間（会議のやり直し）
・適切ではない決定

参加者が納得・合意していない

？？？

**会議の生産性が
低い状態とは？**

獲得目標

**DXで会議の
生産性を
向上させる**

209

以上の対話から勝利条件は**「参加者が主体的に参加して、質の高い意思決定ができている」**としました。

　あるべきではない状態のプ譜は、現状の業務を改善していく種類のプロジェクトであれば、**「現状のアセスメント（評価）」**にあたる行為でもあります。勝利条件が決定したことを受けて、**あるべきではない状態をあるべき状態に書き換え、それを実現するための施策**を書き出していったのが以下のプ譜です。

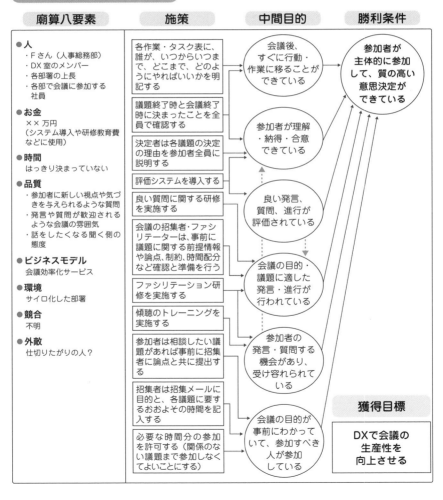

FさんのプロジェクトのプÉ

当初Fさんが書いていた「**1回あたりの会議時間が短くなり、開催回数が少なくなっている**」**を勝利条件とするプロジェクト**の進め方とはガラッと変わりました。ふわっとしていた目標とその計画が少しずつ明らかになってきています。

もう一段階その計画を精緻にし、Fさんがすみやかにプロジェクトを実行できるよう、どの中間目的の実現を目指して、どの施策から実行するかを整理していきます。

ちなみに、この時点で会議内の発言や質問の評価ができる機能があるということで、Bさんの会社のkaigeeが導入されることになりました。

○ 何から取りかかるか？　人員はどうするか？

Fさんのプ譜の中間目的は、大きく3つに分けることができます。

> ❶ **会議参加の状態**
> ❷ **会議内の発言・質問・進行の状態**
> ❸ **会議終了時・終了後の状態**

この3つの状態のうち、どれが先行事象と後続事象の関係にあるかがわかれば、

「どれから取りかかるべきか？」
「何に対して考えるか」
「人手や時間をどう使うか」
が決まります。

まず、**「会議内の発言・質問・進行の状態」が先行事象**になり、**「会議終了時・終了後の状態」が後続事象**になります。

「会議内の発言・質問・進行の状態」が良い状態になっていないと、いくら会議終了時にタスクや担当者を確認しても、質の高い意思決定やその後の迅速な行動や作業スピードの向上にはつながりません。

「会議参加の状態」も「会議内の発言・質問・進行」に影響を与えますが、その状態を増加・強化させるほどのものではなさそうです。

重要な状態だから先にやるのも、すぐに実現できそうな状態だから先に

取りかかるのもケースバイケースですが、明らかに先行事象と後続事象の関係にあるものは、**先行事象から先に取り組みます**。

○ 状態の実現にかかる時間を考慮する

　第1章のイベント出展のプロジェクトで取り組む順序とスケジュールを立てましたが、Ｆさんのプロジェクトがａさんと異なる点がいくつかあります。

　状態の実現にかかる時間が、施策の実行に要する合計時間とイコールではないという点です。

　ａさんの場合は、次のように作業の時間を足せば、展示の認知に関する中間目的が実現しました。

> **看板をつくる＋ブースの図面を書く＋備品を購入する**

　Ｆさんの場合は、「評価システムを導入」しても、すぐに「良い発言・質問・進行が評価されている」状態になるわけではありません。

　同じように、「良い発言・質問に関する研修を実施」すれば、すぐに「会議の目的・議題に適した発言・進行が行われている」ようになるとは限りません。

　これは部品を組み合わせれば、すぐさまそのモノができあがるという種類のプロジェクトと異なる点です。

　また、「会議の目的・議題に適した発言・進行が行われている」状態は、直接的な施策だけでなく、「良い発言・質問・進行が評価されている」状態の影響を間接的に受けて、より良い状態になっていきます。

> ● どのような状態が望ましいといえる状態なのか？
> ● どの状態をもって合格とするのか？

　状況が長く変化し続ける、または変化の途上にある場合は上記のことも考えなければなりません。これについては第2章の品質でも触れましたが、次節のプロジェクトの評価方法でも言及します。

単にシステムを導入するという施策を実行し、導入が完了すれば状態が実現するのではなく、そのシステムを使い続けるという「**施策の継続**」が必要なら、その分の時間をスケジュールに加えておく必要があります。

また、施策を継続しても望ましい状態が実現されなかったり、その兆候が出てこないようであれば、施策のやり方を変えたり、別の施策に変えたりすることもあります。

何かを修正する必要があるのであれば、時間が足りなくなるので、予め時間を多く見積もっておく必要があります。

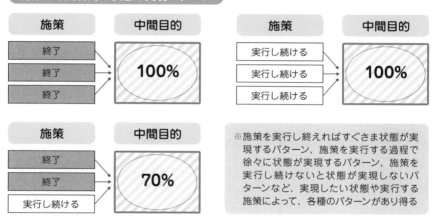

施策と中間目的の状態の実現パターン

※施策を実行し終えればすぐさま状態が実現するパターン、施策を実行する過程で徐々に状態が実現するパターン、施策を実行し続けないと状態が実現しないパターンなど、実現したい状態や実行する施策によって、各種のパターンがあり得る

○ コントロールできるものとできないものを見極める

Fさんのプロジェクトが A さんのものと異なるもう1つの重要な点は、**自分ではコントロールできない、手を下せない要素が多い**ことです。

A さんの場合は、ブース来場者に体験を提供するためのブースやデモンストレーションのプログラムを自分でつくることができました。

しかし、Fさんの場合自分が直接関与できることは少ないです。

- システムの導入　　● 研修の企画　　● 会議のルール策定

　kaigeeを使い、研修を受けて会議を行うのはＦさん自身ではありません。それを使用する別の部署の社員で、会議のファシリテーションはＦさんがやるわけではありません。

間接的な関与は結果が読みにくい

　自分が直接関与できることや、経験・知識のあることは、作業にかかる時間や結果が出るまでの時間を正確に予想できます。

　一方、間接的に関与する場合は、実現にかかる時間と出てくる結果が読みにくくなります。

　Ｆさんは任されたプロジェクトの中間目的に対して、間接的な関与しかできません。

　関与できるものとできないものを見極めることで、どこに時間の余裕を持たせた方がいいのか、また、不確かな要素は何かということがわかりやすくなります。

05 ふわっとした目標を、どのように評価していいかわからない

● 評価は「成果」と「過程」に対して行う

プロジェクトの計画ができあがれば、目標の実現を目指して実行するのみですが、その前に決めておくべきことがあります。

それが**プロジェクトを評価する項目と指標、及びその測定方法を決めること**です。

プロジェクトを任されてしまった人は、コストが成果に見合っているか、プロジェクトの評価を行いプロジェクトを任せた人に報告する義務があります。

プロジェクトの評価とは、実行したプロジェクトの値打ち・意義・成果を体系的に明らかにすることです。また、改善のための手段でもあります。「体系的に明らかにする」ためには、最終的な結果だけではなく、その結果に至った過程も評価する必要があります。

最終的な結果は**統括的評価**や**アウトカム評価**といい、過程の評価は**形成的評価**や**プロセス評価**といいます。本書では以降「統括的評価」と「形成的評価」を用いて説明します。

プロジェクトの大きなライフサイクルと評価

- ●未知の要素
- ●時間とお金
- ●試行錯誤できる数
- ●野心のサイズ

仮説・計画期	探索・実行期	終結・定着期
理論評価 （セオリー評価）	形成的評価 （プロセス評価）	統括的評価 （アウトカム評価）

※プロセス評価の前に、立てた計画が目標を実現するために妥当かどうかを評価する「セオリー評価」はプ譜で計画を立てた後のレビューや報告を行う時点で行っているものとして本書では割愛します。

- プロジェクトの目標が実現・達成したか？
- どの程度実現・達成したか？
- 費やしたコストは適正だったか？

過程の評価の視点

- 目標を実現するために、どのように計画を実行したか？
- 実行した施策の組み合わせ方や施策の効率性はどうだったか？
- 遭遇した事象に対してどのように意思決定したか？

　プ譜を使って、**統括的評価と形成的評価を行う方法や考え方**を解説します。

　統括的評価と形成的評価をプ譜にあてはめると、前者が勝利条件、後者が中間目的と施策に該当します。

　また、形成的評価は、プロジェクトを進めていくうえで枚数を重ねるプ譜の更新過程に対して行います。

プ譜を使った評価の仕方

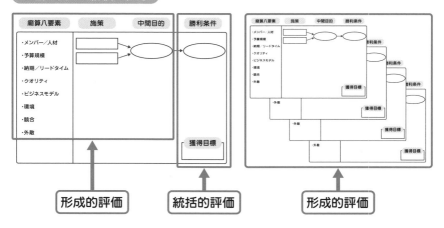

○ なぜ過程も評価するのか？　〜形成的評価〜

形成的評価では、施策によって中間目的の状態が実現されているかを検証し、望ましい変化が起きていなかったら何が問題なのかを検討します。そうすることで、何を改善すれば良いかがわかります。

統括評価だけだとプロジェクトをより良く実行していく機会を失います。評価は改善のための手段でもあるのです。

過程を評価する理由は4つあります。

❶ プロジェクトの目標の実現可能性を上げるため

これが最も大事な理由です。プロジェクトの未知の度合いが大きく、成果をもたらす過程が不明確だと、実現の正否がわかっても、それがどのような原因・理由によるかわからなくなります。

プロジェクトが失敗に終わってから、**「なぜ失敗したのか原因を分析せよ」**とよく言われますが、終わってからではなく、**実行しながら評価すること**に意味があります。

❷ プロジェクトの現在地を確認する

目標の実現に要する時間が長い場合、どこまでできているのかを測定して把握しないと、資源を投入し続けていいのか？　今のやり方でいいのか？　がわからなくなります。

❸ アカウンタビリティ（説明責任）の確保のため

プロジェクトを任された人が投入した資源をどのように使いどう効果を上げているのかを、説明・報告する責任があります。

❹ 会社に活きた・使える知見（ナレッジ）を残すため

失敗の記録がなく、成功したプロジェクトの結果だけしか残っていないと、活用できる情報になりません。

その結果、プロジェクトを経験した人のおぼろげな記憶から因果関係が不明瞭な武勇伝を聞くしかなくなってしまいます。

○ インプットよりも大事な状態の評価

プロジェクトの過程の**評価の対象**となるのが**施策と中間目的**です。施策と中間目的の関係は、インプットとアウトプットの関係に置き換えられます。

プロジェクトにとって重要なのは、**中間目的＝状態の評価**です。

例えば、「健康的に痩せる」という勝利条件を実現しようとするとき、運動をしたり食事を制限したりといった施策を実行するでしょう。

運動であれば、「1万歩歩く」「スクワットを50回する」といった行動＝施策の回数を測定して評価することができます。

この施策を行った結果、健康的に痩せるための要素である体重や体脂肪率が、それぞれ「マイナスxkg」「マイナスx％」になっていることを「あるべき（望ましい）状態」とします。

このとき評価すべきなのは、

「施策を行って状態にどんな変化が起きているか？」
「想定したような変化が起きたか？」

です。

体重や体脂肪率を測定して、その状態に変化が起きていなければ、1日1万歩の歩行やスクワットは適切な施策ではないと評価できます。

状態の評価を行うことで、目標を実現するために、「歩行スピードを早くしてみる」といった施策のやり方を変えたり、その施策そのものをやめて別の施策に変えるという意思決定が行いやすくなります。

○ プロジェクトに相応しい定量指標を設定する

以上のような評価を行うには中間目的に定性・定量的な指標が必要です。

プ譜に書く状態は定性的に表現し、その定性的な状態を測定するために定量的な指標を付記するのが一般的です。

第3章では**「その定量指標はどのような状態で実現されているべきか？」**という定量指標から定性指標を考える方法をお伝えしました。**あいまいなプロジェクト**では定性指標から定量指標を考えることが多く

なります。表現した状態を評価するには、その状態を客観的に測定可能なものにしなければなりません。

早い、遅い、長いなどの言葉はその指標を明確にするには十分ではありません。また、「果物がおいしくなっている」という状態は見た目だけではわからないため、糖度というものに置き換えて糖度計で測ります。

設定した定性的な状態をどのように測定できるかを考えることは、少し頭をひねるところになるので、ドリルでトレーニングしておきましょう。

○ ドリル：教育成果を測定する定量指標を設定せよ

みなさんは海外の貧困地域で、子どもたちに安定した生活を送れるようにする教育プログラムを提供しているNPO職員です。

勝利条件は種類は問わず、最低限自分一人が食べていける規模の事業を立ち上げるもしくは、同等の仕事への就職とします。

このプロジェクトには、いくつか乗り越えるべき障害があります。

- 貧しい自然環境で農業だけが生業だと信じ込む教育委員会の意識
- これまでに起業に関する知識を教えてこなかった教師が必要な知識や技術を教えられるようにすること
- 子どもを家業の働き手として考えて学校に行かせたがらない親の意識

そこで、中間目的にこれらの要素と状態を設定することにしました。

みなさんには、この中間目的の状態を評価するための定量指標を（　　）の中に入れていただきます。

参考までに、一番下の状態に一例を記入しました。

地元教育委員会の意識を変えるために、この教育プログラムの「導入校数」という定量指標を設定しています。

このほかの教師や保護者の状態を測るための指標にはどのようなものが考えられるでしょうか？

生徒

生徒が研修で身につけ
技術を仕事で役立てている
（　　　　　　　　　）

生徒

生徒が新たな知識や技術を
身につけている
（　　　　　　　　　）

保護者

生徒が主体的に参加している／保護者が
プログラムに価値を見出している
（　　　　　　　　　）

教師

質の高い教育を生徒が受けることが
できている
（　　　　　　　　　）

教育委員会

プログラムの導入校数が
（●●校／月）に
なっている

生徒が
小規模事業を
立ち上げている／
就職している

獲得目標

生徒に組織運営能力や
起業家的能力を与え、
安定した生活を
送れるように支援する

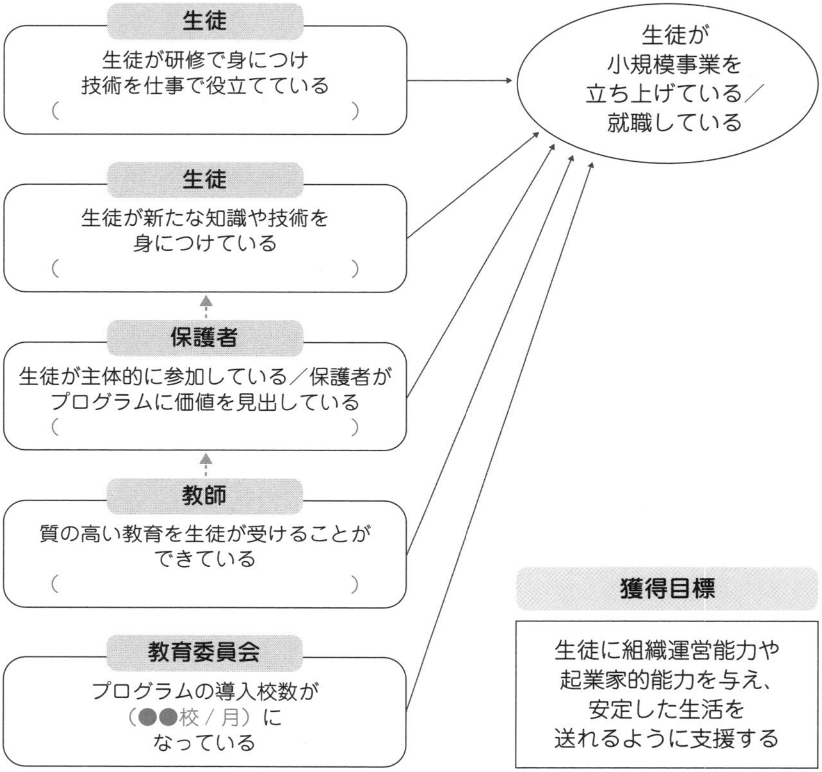

指標の回答例

- 教師が新しい知識や技術を教えられているか、生徒や同僚による
  教授内容のアンケートで測る（平均点80点以上）
- 生徒の出席率（70％以上）で保護者の意識を測る
- 新たな知識や技術を身につけているか、「課題・テスト」を与えて
  その点数で評価する（70点以上で合格）

　測定項目は、「回数、数」といった数値化できるものもあれば、「満足
度」「自信の度合い」といった尺度で測らざるを得ないものもあります。

このような場合は**「変化の有無」「変化の項目がＮ件以上」**あれば、状態を実現したと**"みなす"という測定方法**が一般的です。

尺度は5から7段階で評価するリッカート尺度がおすすめ

　例えば、顧客満足度を測るのであれば、「とても満足－やや満足－どちらとも言えない－やや不満－とても不満」といった5つの程度に分けたり、パーセンテージで表示して、「100％－80％－60％－40％－20％－0％」としたりすることもできます。

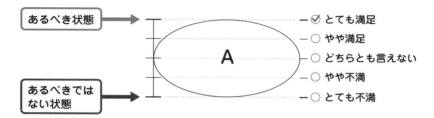

リッカート尺度　likert scale

双極的（bipolar）で表現する尺度は7つを超えないようにする。
情報が7つを超えると、判断が困難になるため

あるべき状態

あるべきでは
ない状態

A

── ☑ とても満足
── ○ やや満足
── ○ どちらとも言えない
── ○ やや不満
── ○ とても不満

◎ 測定項目・方法の間違いとコストに注意

　例えば、歴史の授業で「当時の国家間で大きな動きをつかみ、戦争がなぜ起きたのか、どう防ぐことができたのか、について自分の考えを持つことができている」という状態を評価するために、以下のようなテストを出して測定するとします。

> ● 関連する歴史的事件が何年に起きたか？
>
> ● それに関わっていた何某という人物は何年に生まれたか？

　このテストは評価したいものを測定するものとして相応しいとはいえません。従って、この回答点数が低いからといって、「自分の考えを持つことができていない」と限りません。

間違った項目で測定することで、その生徒の本当の能力を見誤ってしまうことにつながります。

測定項目は少なすぎも多すぎもよくない

　健康的に痩せるという目標で考えてみましょう。まずは、測定項目は体重だけだったとします。

　体重を測定して順調に体重は減っているのに糖尿病の症状が出ていたとしたら、測定項目に食事内容に関する項目を入れてなかったのが原因かもしれません。

　また、常に測定しておかないと心配だからといって、むやみやたらに測定回数を増やしたり、規模を広げることも時間の浪費につながります。

　測定の規模・範囲・精度は、対象によって変わることに注意しましょう。

　例えば、外科手術の体重測定では精密な測定が必要なため、±20gまで測定できる体重計を使いますが、一般的なダイエットの体重測定であれば、そこまでの精度は求められません。

　精度を高めようとすればより高価な機器を使用したり、時間がかかったりするため、これもコスト増につながってしまいます。

　測定する項目が多すぎることで情報過多になり、意思決定のための認知コストを引き上げてしまうこともあります。

　できるだけ簡素に、必要な、欠かせないものだけを測定するべきです。

　右図はFさんの定量指標を追記したプ譜です。

　kaigeeで取得できる定量指標が多いため、定性的な指標を測定可能な定量指標に置き換える労力はあまり割かずに済みました。

　これらの指標が実現されていれば、その製品を導入した効果・価値があったといえますが、そもそも指標がプロジェクトにとって適切かどうかは、第6章のプロジェクト実行後の評価で判断することになります。

勝利条件と中間目的の定量指標

中間目的

勝利条件

・会議に関係する業務フォルダへの、会議後の資料提出までに要した時間
・会議終了日からタスクの着手に要した時間

会議後、すぐに行動作業に移ることができている

参加者が主体的に参加して、質の高い意思決定ができている

kaigeeで満足度・納得度を3段階で評価

参加者が理解・納得・合意できている

会議あたりの参加者の発言・質問回数の割合

kaigeeの発言・質問・進行への「いいね」ボタンのクリック数

良い発言、質問、進行が評価されている

会議の目的・議題に適した発言・進行が行われている

3ヶ月に1回のアンケートで受け容れられているかどうか等の設問

参加者の発言・質問する機会があり、受け容れられている

獲得目標

会議招集メールへの「参加します」ボタンと参加者の割合

会議の目的が事前にわかっていて、参加すべき人が参加している

DXで会議の生産性を向上させよ

● 統括的評価

統括的評価とは、プロジェクトで得たい成果であり、メンバー、部署、会社、経済、社会に起きた**変化の状態をとらえる**ものです。

単純に、勝利条件に設定した受注件数や見込客獲得数といった定量指標を超えていればOKとする評価もあれば、さらに踏み込んで費用対効果で評価することもあります。

費用対効果で評価を行うときは、投入する資源（人・お金・時間など）か成果のいずれか一方を固定します。資源を固定する場合は、「その資源で最大の成果を得る」ことになり、成果を固定する場合は「安く成果を得る」ということになります。

比較対象があれば評価しやすくなりますが、比較対象が社内にも社外にもない場合は、どうしても主観的な評価になるのは避けられません。

「以前と比べて、他と比べて」といった評価ができない・しづらい場合の評価方法として、「**加点式評価方法**」があります。

● 未知で難しいプロジェクト向きの加点式評価方法

加点式評価方法が向いているのは、前例がなかったり、未知なことが多い挑戦的なプロジェクトや、売上に直結しないような社内プロジェクト、定性的な指標が多いプロジェクトなどです。

ハヤブサプロジェクトの加点評価方式

ハヤブサプロジェクトは小惑星イトカワに着陸してイトカワの粒子（サンプル）を取得して地球に帰還するというプロジェクトです。

将来の本格的なサンプル取得に向けて、鍵となるイオンエンジン、自律的航法誘導による接近・着陸、微小重力下での天体表面の標本採取という新技術の実証を勝利条件として行われました。

ここでは、これらの新技術の実証ごとに点数が与えられ、その合計点数に応じて、ミニマムサクセス、フルサクセス、エクストラサクセスという3段階の成功レベルが定義されていました。それぞれに与えられた点数とサクセスの段階をプ譜で表現すると次図のようになります。

500点になるまでに実証したい新技術は、それぞれが別の探査機で行われてもおかしくないぐらいの高度で難しい技術です。

本来なら、イオンエンジン、小惑星観測、サンプル持ち帰りのための試験機をそれぞれ試すところを1回の探索ですべて行おうとする挑戦的・ハイリスク・ハイリターンなプロジェクトでした。

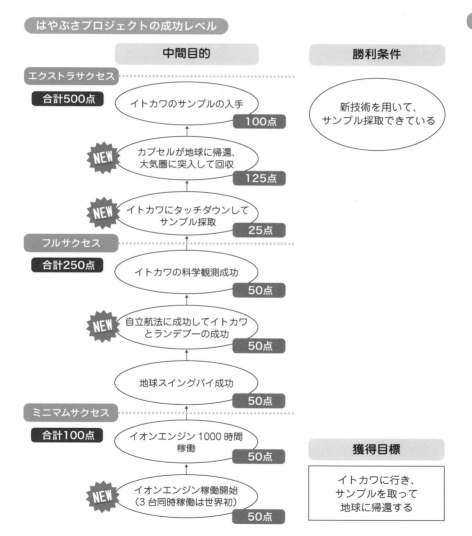

はやぶさプロジェクトの成功レベル

中間目的　　　　　　　　勝利条件

エクストラサクセス

合計500点

イトカワのサンプルの入手
100点

NEW
カプセルが地球に帰還、
大気圏に突入して回収
125点

NEW
イトカワにタッチダウンして
サンプル採取
25点

フルサクセス

合計250点

イトカワの科学観測成功
50点

NEW
自立航法に成功してイトカワ
とランデブーの成功
50点

地球スイングバイ成功
50点

ミニマムサクセス

合計100点

イオンエンジン1000時間
稼働
50点

NEW
イオンエンジン稼働開始
（3台同時稼働は世界初）
50点

新技術を用いて、
サンプル採取できている

獲得目標

イトカワに行き、
サンプルを取って
地球に帰還する

プロジェクトを任されたら評価方法を確認

　ルーティンワークであれば完成品の姿かたちから品質までが決まっているので、加点式よりは**減点式評価方法**の方が向いています。

　しかし、未知で難しいプロジェクトで減点式評価を採用してしまうと、減点評価されることを恐れ成功事例を探し回りプロジェクトをスタートさせられなかったり、そもそもそうしたプロジェクトを引き受けることを拒否される可能性もあります。

　未知の度合いが高く、会社にとって挑戦的なプロジェクトを任されてしまった場合は、「一つ一つの小さな目標を実現したら、さらにプラスの評価を積み上げていこう」とする**加点式評価方法**の採用を、プロジェクトを任せた人と交渉してみてください。

第 6 章

進行するプロジェクトの
ふりかえり方

最初に立てた計画は予定通り実行しているのに、期待した結果が出てこない。立て直しをしなければいけないけれど、何をやれば解決できるかがいまいちわからない。残っている時間でどこまで対応できるのか……？

この章では、プロジェクト開始後に起きたことやわかったことを記録して振り返る方法と、計画通りに進んでいないときの対応方法を紹介します。

- -

#探索・実行　#後天性蛇足・転変症候群　#ふりかえり　#記録　#評価
#スコープの変更

取り上げるプロジェクトの
特徴と登場人物

○ なかなか成果が見えないプロジェクト

本章では第5章で取り上げたふわっとした**プロジェクトの探索・実行期**を取り上げます。

ふわっとしたお題をどうにか計画に落とし込み、実行してみたものの、**計画どおりに進まない、成果があがらない**ということが起こります。

成果があがらないのは、**手段（施策）が望ましい状態（中間目的）に対して適切ではない**ということです。これは**インプット**から望ましい形で**アウトプット**されておらず、アウトプットが期待する**アウトカム（成果）**につながっていないと言い換えることができます。

設計図をつくって必要な材料を揃えても、設計図通りに部品が組み立てられなかったり、組み上がっても意図通りに動かないことがあります。

営業管理システムを使えば、営業成績が可視化されますが、それによって営業成績が改善・向上するとは限りません。

探索・実行期のプロジェクトは、プロジェクトの対象から返ってくる反応（フィードバック）を元に、仮説を修正・更新し、実行するサイクルを繰り返していきます。

マニュアルのある仕事の場合は、管理・監視をすることが中心になります。

一方、**未知であいまい・不確実なプロジェクト**は文字通り「**探索**」が必要になります。計画通りに進まず、探索の時間が長く続けばメンバーの士気が下がっていきます。

ふわっとしたあいまいなプロジェクトの全体を任されている人は、限られた時間のなかで最初に立てた仮説に固執せず、状況に合わせて限られた資源を使い、より適切な意思決定を度々求められることになります。

登場人物とプロジェクトの関係

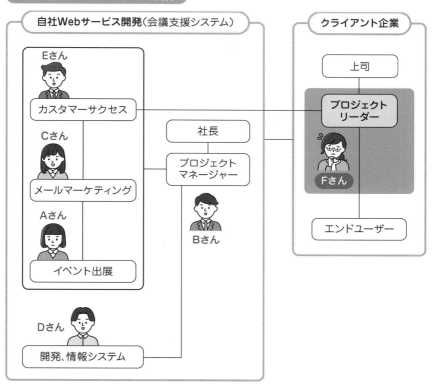

自社Webサービス開発（会議支援システム）

Eさん
カスタマーサクセス

Cさん
メールマーケティング

Aさん
イベント出展

社長

プロジェクト
マネージャー

Bさん

Dさん
開発、情報システム

クライアント企業

上司

プロジェクト
リーダー

Fさん

エンドユーザー

今回の登場人物

Fさん

本章では引き続きFさんが登場し、プロジェクトを進め
ていきます。
仮説・計画期につくったプ譜をもとに施策を実行し始め
たものの、計画通りに進まず、思うように成果があがら
ないため、対策を講じる必要に迫られています。

02 取り上げる問題や担当者の悩み

主な症状と原因

- プロジェクトの記録・評価、仮説の更新方法がわからない（プロジェクト経験不足）
- 仮説通りにプロジェクトを進めているのにうまくいかない
  - プロジェクトがうまくいかない原因がわからない
  - 仮説・計画にヌケモレ・ソゴ・ズレがあった。何かの要素が足りていない
  - 選択した施策が状態に対して適切ではなかった
  - 施策の実行方法が正しくなかった
- 予定していた施策を実行できなくなった（後天性蛇足・転変症候群）
  - プロジェクトを取り巻く社会・環境に変化が起きた
  - 自社やプロジェクトメンバー、自分自身に変化が起きた
- 大事なこと・複雑な事情が後から変わる
- 期日までに予定していた状態を実現できない
  - 最初に立てた仮説・計画通りに進めなければいけないと思い込んでいる
  - 与えられた条件は動かせないと思い込んでいる

予防策・対策

- 終わってからではなく、形成的に振り返る
- 目につきにくい、意識しづらい、遠くの原因を探す
- 状態を実現するための他の手段を探す・考案する
- 期日を固定して勝利条件を調整するか、勝利条件を固定して期日を調整する

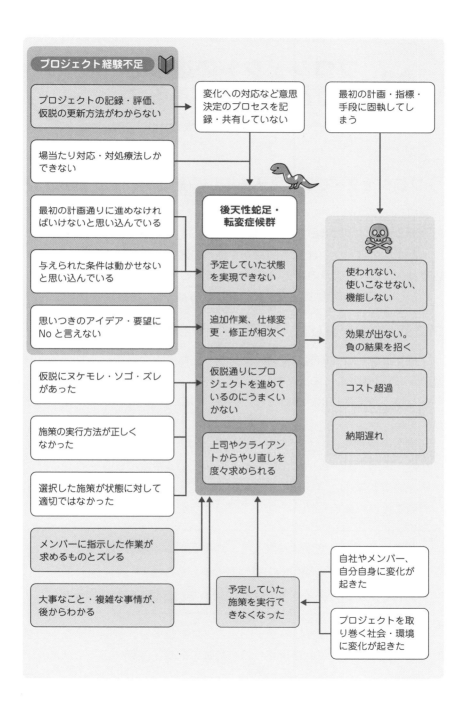

プロジェクトの進捗をどう記録・評価する？

○ プロジェクトでなぜ見込み違いや想定外が起きるのか？

プロジェクトは、「この通りやればうまくいく」レシピのように仮説・計画通りに進むのが理想です。仮説・計画通りに進むということは、仮説・計画期に書いたプ譜に中間目的や施策の追加・停止・変更などが書き込まれず、2枚目以降のプ譜は書かなくて済むということです。

しかし、実際の現場ではそうはいきません。

プロジェクトが動けば、見込み違いや想定外に出会う

プロジェクトの実施前には見えていなかったことが出現したり（**見込み違い**）、**想定外**のことに出くわしたりします。

正と誤、予見されたものとされていないもの、確実性と不確実性が混在します。

施策への疑念を抱きながらプロジェクトは不断の見直しを迫られます。これは、未知であいまいなプロジェクトを進めるうえで受け容れなければいけないことです。

実際に見直しを迫られるのは、下記のようなケースです。

- 施策の実行の仕方がよくなくて、中間目的が実現しなかった
- 選択した施策が中間目的に対して効果がなかった
- 実行した施策があるべきではない状態を引き起こしてしまった

また、以下のような見込み違い・想定外に対しても、計画の調整・変更を行いプ譜を更新していきます。この計画の調整・変更を行うたびに、プ譜は棋譜のように増えていきます。

- 予算が急きょ削減された
- 締め切り時間が繰り上げられた
- メンバーが異動・退職した、災害に見舞われた
- 法律や会社のルールが変わった

究極の理想は、仮説時点のプ譜通りに進むこと

1枚のプ譜を答え合わせのように、
実行したら目標達成

現実は試行錯誤を経る
➡ その分、プ譜の枚数が増える

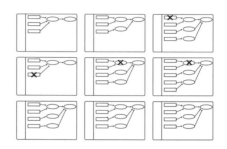

第6章

進行するプロジェクトの
ふりかえり方

◎ 未知なプロジェクトを進めるためのOS・マインドセット

「前へ」「前に」という意味を持つ「Pro」のつく言葉であっても、
ProjectとProgramの意味は大きく違います。

Programは前もって（pro）書く（gram）行為を指します。運動会の
演目のように、前もって書いたものを予定通りに実行するという意味合い
です。そして、Programはコントロールと監視を要求します。

一方、**Projectは前に（pro）投げる・投げ出す（ject）という非常に
コントロールのしづらい意味合い、動的なイメージ**を持ちます。

Projectは当初定めた計画・手順や目標を一途に追うのではなく、状況
の進展に応じてその都度、意思決定を行います。さらに目標そのものすら
修正してしまうこともあります。

Projectをどう実施するかは、あくまで仮説としてこうだろうというこ

とであり、「こうでなければならない」というようなものではありません。

この意味で**最初につくるプ譜は方向を示すもの**であって、最初に書いた施策の正しさを保証するものではありません。

最初に立てた計画には隙間があるという前提に立ち、施策を実行する対象・状況・環境に問いかけて、対話しながら進めていくというマインドセットでいきましょう。

プロジェクトの未知な部分が多いほど、試行錯誤し探索的に進めざるを得ません。

探索を多く行った方が正解にたどり着く可能性が高まりますが、探索を無限に行っても死なないのはコンピューターだけです。そもそも無限の時間や金銭的余裕など会社からは与えられません。

少ない試行錯誤（探索）で目標にだどり着くのが「筋の良い仮説」ですが、それは事後的にしか評価できないのです。

○ ふりかえり

限られた時間の中で、適切な意思決定をしていくための鍵を握るのが**「ふりかえり」**です。

ふりかえりとは「内省」「省察」（共に Reflection）です。

実践した思考・行動と向き合い、その結果について省みてうまくいかなかった原因や改善点を探り、次に生かすというものです。

ふりかえりを有効に機能させるには、プロジェクトの対象・世界からの返答・反応（フィードバック）と、勝利条件や中間目的に設定した観察・測定項目及び基準の設定が必要です（これらは仮説・計画期のプ譜に記述されているはずです）。

プロジェクトのふりかえりをあえて定義するなら、**「これまでの経験（行為や獲得した情報）を、俯瞰的な視点や多様な観点から観察し、評価・意味づけすること」**といっていいでしょう。

ふりかえりはプロジェクトが終了してから行うものではなく、定例会議や何か変化が起きた際にその都度行うものです。

これは前章で紹介した**「形成的評価」**にあたります。

◎ ふりかえりのための記録

　頭の中にしかないうろ覚えの記憶は、ふりかえりのための材料とするには大変危ういものです。そのため以下の**記録が必要**です。

> * 自分たちが何をしたか？
> * その結果どうなったか？
> * 何が起きたか？

　記録とは、プロジェクトの実際の状態をつきとめる行為です。

　プロジェクトの活動を記録することを通じて、プロジェクトの過程が初めて具体的に見えるものになり、プロジェクトに関わる人々にふりかえりの機会を提供してくれます。

　記録するモノゴトは実践の過程で収集されますが、それらを読み込んだり、記録に解釈を施すのは、プロジェクトが終わってからになります。

　しかし、ふりかえりをプロジェクトの実行過程で断続的に行っていくためには記録が欠かせないのです。

　ふりかえりの方法には、PDCA、OODA、センスメイキング、KPT、YWTなどがありますが、本節では**プ譜を用いた記録とふりかえりの方法**を紹介します。

◎ プ譜を用いた記録とふりかえりの方法

　プ譜を用いてプロジェクトの記録を行うルールはシンプルです。

　仮説・計画期につくったプ譜をPowerPointやGoogleスライドなどにして、それをコピー＆ペーストします。

　そうするとプ譜のファイルには2枚分のプ譜ができあがります。最初に書いたシートはそのままに、**もう1枚のシートに施策の実行状況を記述**していきます。

　最初に書いた仮説立案のプ譜を**第1局面**、実行状況を記録したものを**第2局面**として数えます。

記録を元に振り返り、仮説を更新したプ譜を**第3局面**とします。

奇数局面が仮説の更新、偶数局面がふりかえりという役割になり、枚数を重ねることで意思決定の過程が記録されるようになります。

正しい意思決定は、現在進行していることを正確に読み取ることや、これまで実践してきていることを正確に記録したものから読み取ることからも生まれます。意思決定の過程は必ず残すようにしてください。

意思決定の過程が残っていれば、プロジェクトがうまく進んでいないときや問題が起きたとき、プ譜を遡って見ていくことで、以下の２つのことがわかりやすくなります。

❶ **いつ・どの意思決定が原因になったのか？**
❷ **実施した施策や起きた事象など何に起因していたのか？**

また、引き継ぎなどで途中からプロジェクトに加わった人も、今のプロジェクトがどのようにして現在の状況になっているのかを、認知負荷を抑えて早く理解できるようになります。

プ譜とふりかえりの関係性

第1局面（仮説立案）	第2局面（ふりかえり）	第3局面（仮説更新）	第4局面（ふりかえり）
奇数局面 仮説更新	偶数局面 ふりかえり	奇数局面 仮説更新	偶数局面 ふりかえり

● 施策を実行して起きた変化をプ譜に記録する

施策を実行し終わったら「取り消し線（文字上に表示できる線）」をつけたり色をグレーにするなどして、「終わった」ということがわかるようにします。

実行したあるいは実行中の結果、施策についてわかったことや相談したいことなどがあれば、吹き出しやコメント機能で追記していきます。

また、施策を実行する量の把握が重要な場合も吹き出しを書いておきます。

Ｆさんのプ譜を題材にすると下図のようになります。

起きた変化を書き込む例

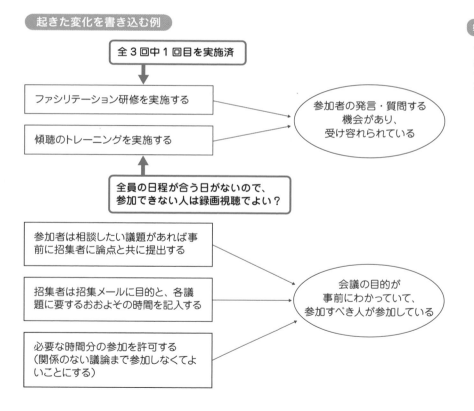

施策を実行して起きる中間目的の変化を測定・記録する

施策を実行して**中間目的に起きた変化**は、施策と同じく吹き出しで書いたり、**リッカート尺度**[※]や**パーセンテージ**などで表現します。変化が現れてこない場合の対応は後述します。

Fさんのプロジェクトで設定した「参加者の発言・質問する機会があり、受け容れられている」という中間目的の測定は、3ヶ月に1回、「自分が出なくてもいい会議に参加したか？」を確認するアンケートで行います。

その結果が基準を満たしていれば、中間目的欄をグレーにしたり取り消し線をつけたりして、「状態が実現した」ということがわかるようにします。

体重計や速度計のように正しく数値を取得するものとは異なり、変化の尺度は厳密性という点では劣りますが、厳密さをどこまで求めるかはプロジェクト内容によって異なります。

厳密さはなくとも、今の中間目的の実現度合いが何点か？　何割くらいか？　というスコアをつけて評価すると、100点や10割に対して「あと何が足りないのか？」ということを考えることができます。

そうすることで、常に**完成までの見通しと改善する気持ちや向上心を持って取り組むことができるようになります。**

また、その状態に対してプロジェクトメンバーに共有しておきたいことや相談したいことがあれば、吹き出しやコメントで追記しておきます。このような状態に対する評価もプ譜に記録しておきます。

第1章で紹介したガントチャート[※]を併用して状態の実現度を把握したい場合は、次ページの図のように「**進捗状況**」といった欄を設けると良いです。

※リッカート尺度は、アンケートで、ある項目に対して「全く満足していない」から「非常に満足している」のように、多（5）段階の選択肢から回答をしてもらう設問形式。
※ガントチャートは、プロジェクト管理や生産管理などで工程管理に用いられる表です。

		担当	進捗状況		指数	開始	終了
中間目的A	○○○○○○					YY.MM.DD	YY.MM.DD
施策A-01	○○○○○○				○○件訪問	YY.MM.DD	YY.MM.DD
施策A-02	○○○○○○				○○件訪問	YY.MM.DD	YY.MM.DD
施策A-03	○○○○○○					YY.MM.DD	YY.MM.DD
中間目的B	○○○○○○					DD	DD
施策A-01	○○○○○○						DD
施策A-02	○○○○○○					YY.MM.DD	YY.MM.DD
施策A-03	○○○○○○					YY.MM.DD	YY.MM.DD
中間目的C	○○○○○○					YY.MM.DD	YY.MM.DD
施策A-01	○○○○○○				○○資料作成	YY.MM.DD	YY.MM.DD
施策A-02	○○○○○○					YY.MM.DD	YY.MM.DD
施策A-03	○○○○○○					YY.MM.DD	YY.MM.DD

← **ここの進捗状況がプ譜の中間目的の状態の実現度**

（本図では中間目的の実現度合いを5段階、20%ずつ評価）

○ 仮説の更新

実行の結果と評価を記録したら、次に行うのはその**仮説の更新**です。

プ譜の記録はプロジェクトを任された人が、メンバーからの報告を聞いて行うこともあれば、プ譜をクラウド上においてメンバーが編集できるようにしておき、各中間目的や施策の担当者が記録していくこともあります。

記録の仕方は違っても、記録したものを見て意思決定するために問うべきことは次ページの図になります。

中間目的
・今どのくらいの実現度か？
・指標、基準を満たしそうか？
・望ましい変化は起きているか？
・勝利条件に寄与しそうか？
・表現の修正、更新は必要か？
・実現不要なものはあるか？
・優先順位を変える必要はあるか？

施策
・やり方は妥当か？　変えなくていいか？
・量は足りているか？
・止めなくていいか？　このまま続けていいか？
・追加する施策はないか？
・順番を変えなくていいか？

1回のふりかえりで行うことは記録と仮説の更新（第2局面と第3局面のプ譜をつくること）が1セットです。

仮説を更新し続けることで、未来に一歩先んじて、自分たちが目指す勝利条件に向けて行動できるようになります。

○ 中間目的・施策を追加するときの原則

勝利条件や中間目的の実現状況が芳しくないとき、新しい中間目的や施策を追加したくなります。

追加すること自体は否定しませんが、プ譜の廟算八要素（びょうさんはちようそ）に書いた人のリソース、使える残り時間とお金を無視しないように気をつけてください。

プ譜の枠内には、与えられたリソース内で実行できる限りの**施策と中間目的が表記**されているはずです。

所与のリソースに余裕のあるプ譜になっていれば問題ありませんが、**施策や中間目的を追加する場合**は、その施策を実行して中間目的の実現にかかる人・お金・時間と同等の既存の項目を削除しなければなりません。

既存の施策や中間目的を残し、**他の項目を削除せずに施策・中間目的を追加する場合**には、使える人・時間・お金を増やすための交渉をするか、施策の実行の仕方をより効率化・省力化するといった工夫が必要になります。

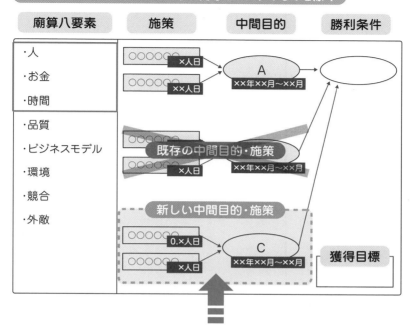

　費用と時間を追加する承認を得られるのであれば、廟算八要素の時間の
情報を更新しておきます。

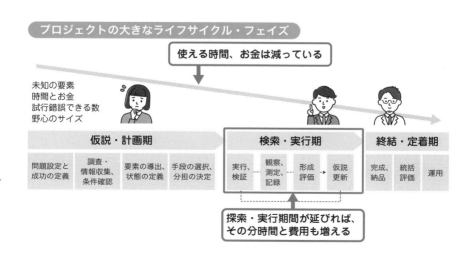

思いつきをそのまま施策に入れない

　思いついたアイデアを施策にそのまま加えるというのは、施策を勝利条件に直接結びつけようとするものです。

　施策を勝利条件に直接結びつけると、施策というインプットがどんなアウトプット（中間目的の状態）になり、それがどうアウトカム（勝利条件）につながるのかという**因果関係が不明瞭に**なります。

　施策を追加するときは、**必ずその施策が影響を与える中間目的に矢印線をつなぐ**ようにしてください。ひもづく中間目的がなければ、その施策は採用できません。

　ひもづく中間目的がなかったとしても、その施策がどのような状態をつくるのかをプロジェクトメンバーが考え、その状態が勝利条件にとって必要と腹落ちするのであれば、新しい中間目的をつくり、そこに施策をひもづけます。

　施策を勝利条件に直接結びつけてはいけない理由は、第1章のドリル「子どもに東西南北を覚えさせる」を見返してください。

施策と中間目的と勝利条件の関係

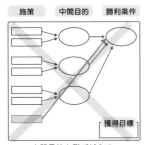

中間目的を飛び越えて
勝利条件に加えない

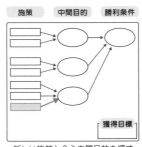

新しい施策と合う中間目的を探す

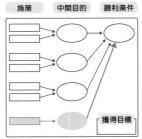

新しい施策、中間目的を
勝利条件とひもづける

◯ 探索・実行期のマインドセット

　誤っていた仮説を更新する度にプ譜の枚数は増えます。しかし、**プ譜の枚数が増えることをいとわないでください**。誤っている（エラー）ということが問題なのではありません。

仮説と現実の「ズレ・差異」から、最適な進め方＝方向を絞り込んでいくことこそが重要です。

エラーへの対応が次にとるべき道筋を示してくます。

事前の仮説・計画・見積りとは違う結果が出たら、「それじゃこうかな」と施策のやり方を変えたり中間目的を変更すればよいのです。

そしてそれは、最初のときよりも適切な方向に絞られているはずです。

このように考えるためには、プログラミングの世界では一般的なデバッグ（バグ [bug] を取り除く [de-]）の思想が参考になります。

プログラミングを行って一発でうまくいくことはほとんどなく、ミスやエラーの修正・対応は予め行うものとして工程に含めています。

このとき、きちんと**間違いの記録**をとっていることが重要です。前述した通り、記録をとっていないとどこで誤ったのか、どこに手をつけていいのかがわからなくなります。

人は正解からよりも誤り＝差異から学びます。そもそも正解していたらフィードバックは起きません。誤りは学びのチャンスです。

仮説を立て、ふりかえりをしっかり行っている限りは、**試行錯誤は学習のプロセス**と言えるのです。

◎ 探索・実行期におけるプ譜の価値

プ譜は、**仮説・計画期ではプロジェクトの仮説を立てるための道具**となり、**プロジェクトメンバーとの共通言語・共通基盤**になります。

そして**探索・実行期ではふりかえりのための道具となります**。

状況との対話、意思決定の過程の記録は、プロジェクトの会議ではアジェンダにもなり議事録にもなるものです。それは言い換えればプロジェクトの生きた文書であり、決断するタイミングで参照する資料にもなります。

基本的な記録の仕方を理解したうえで、次節からは仮説・計画が想定通りに進んでいない問題に対して、**「どのように仮説を更新していくのか?」**ということを、プロジェクトドリルとFさんのプロジェクトを題材にお伝えしていきます。

04 施策を実行しても、成果が出ないとき

○ アウトカム（成果）につながらない原因とは？

インプットをしても望ましいアウトプットが出ない、アウトプットは出ているのに**アウトカム（成果）**につながらない、ということは未知のプロジェクトではよくあることです。

また、必要なインプットやアウトプットをそもそも思いつけなかった、ということもままあります。

このことはプ譜の世界では、下図のように説明できます。

アウトカム（成果）につながらないとき

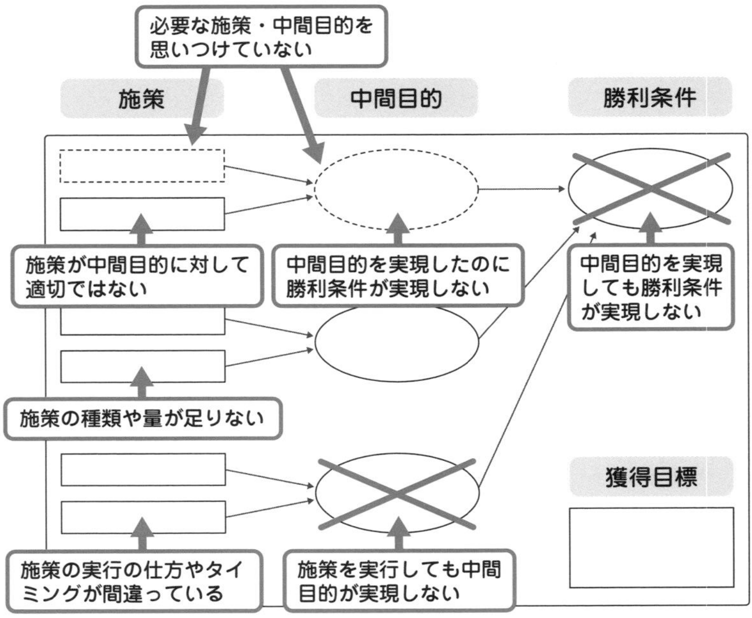

必要な施策・中間目的を
思いつけていない

施策　　　　中間目的　　　　勝利条件

施策が中間目的に対して
適切ではない

中間目的を実現したのに
勝利条件が実現しない

中間目的を実現
しても勝利条件
が実現しない

施策の種類や量が足りない

獲得目標

施策の実行の仕方やタイ
ミングが間違っている

施策を実行しても中間
目的が実現しない

初めて取り組むプロジェクトでは、始める前に**「何が足りていないか？」**を知るのは非常に難しいことです。

不足には、情報がなくて知らないことだけではなく、当たり前すぎて意識の枠外にあるために「不足している」ということもあります。

本節では自分たちにとって当たり前すぎて「足りていない」という認識すら持てず、**必要な施策及び中間目的を打てなかった練習問題**に取り組んでみましょう。

○ ドリル：発展途上国の学力を向上させよ

みなさんは、発展途上国の特に貧しい地域の子どもの学力を向上させるプロジェクトに取り組んでいます。

その**勝利条件**は**一般教科の世界的な標準テスト成績が平均点以上になっている**、というものです。

この勝利条件を実現するために考案した**中間目的**と**施策**が次ページのプ譜になります。

一般的に発展途上国における教育の質の低さの代表的な例として、教科書などの教育投入物の不足が挙げられるということをみなさんは知っています。

そこでまず、教科書を無料で配布することで、学校での学習効率を向上させ、持ち帰って家庭でも学習できるようにしました。

また、その教材も文字や数字だけのつまらない・理解のハードルが高いものではなく、グラフや図・絵などを多く用いるという施策も考案します。さらに、教師の数を増やして教師1人が見る生徒の数を減らすことで、行き届いた教育ができるようにしました。

しかし、**どの施策もテストの点数には影響を与えませんでした。**

このプロジェクトにはそもそも欠けている「あるべき状態」がありました。それは私たちにとっては当たり前すぎて、それが必要な状態であるという認識を持てなかったものです。

この**欠けていたあるべき状態とそれを実現する施策**はどのようなものだったでしょうか？

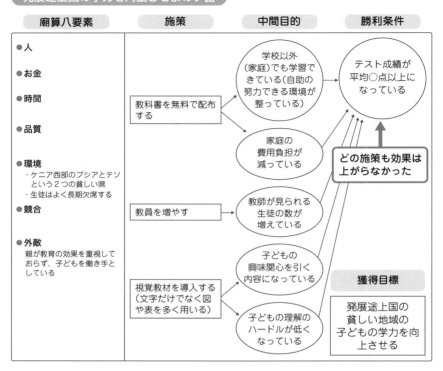

発展途上国の学力を向上させよのプ譜

| 廟算八要素 | 施策 | 中間目的 | 勝利条件 |

●人

●お金

●時間

●品質

●環境
・ケニア西部のブシアとテソという2つの貧しい県
・生徒はよく長期欠席する

●競合

●外敵
親が教育の効果を重視しておらず、子どもを働き手としている

教科書を無料で配布する

教員を増やす

視覚教材を導入する（文字だけでなく図や表を多く用いる）

学校以外（家庭）でも学習できている（自助の努力できる環境が整っている）

家庭の費用負担が減っている

教師が見られる生徒の数が増えている

子どもの興味関心を引く内容になっている

子どもの理解のハードルが低くなっている

テスト成績が平均○点以上になっている

どの施策も効果は上がらなかった

獲得目標

発展途上国の貧しい地域の子どもの学力を向上させる

　このドリルの元となったプロジェクトでは、発展途上国の貧しい地域の子どもたちの学力向上に必要なあるべき状態は、「**生徒が健康になっている（出席率が向上している）**」というものでした。

　貧困地域では不衛生な生活状況により、生徒の寄生虫病感染率が非常に高く、このため体調不良で欠席が多くなっていたからです。豊かな国から派遣されている支援者は、そもそも「健康になっている」という中間目的を思いつかなかったのです。この中間目的を実現するための施策として「腸内駆虫薬を配布する」ことを行いました。この結果、生徒たちの感染率は低くなり、出席率が向上するという状態が実現されました。

　元となった事例ではこの結果学力が向上したかどうかについての言及がなかったため、勝利条件が実現したとは言えないのが苦しいところですが、**自分たちにとって当たり前すぎて見落としてしまう状態や施策がある**

かもしれないことについて注意喚起してくれる事例です。

◎ 状態と施策を追加する例

次にFさんのプロジェクトを見てみましょう。

プロジェクト開始後、いくつかの施策は順調に終了し、中間目的も実現できていました。

ところが実施後の調査で「会議後、すぐに行動・作業に移ることができている」の中間目的が実現できていないことが判明しました。

会議中に決まったタスクについてはすぐに行動・作業できていましたが、実行すべきタスクにヌケモレが出ていると、数名のマネージャーから不満の声があがってきたのです。

不満の声をあげたマネージャーからは、「議事録の自動記録やタスクリストがつくれるシステムを導入したのにタスク漏れが起きるようでは、導入した意味がない」とまで言われてしまいました。

会議中にタスクを決めているはずなのにヌケモレがあるとは、いったいどういうことなのでしょうか？

ヌケモレの発生

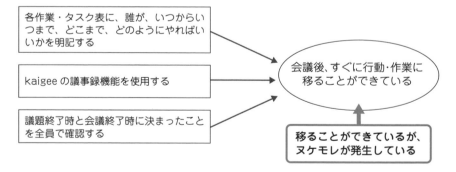

Fさんはこの問題に対応するため、システムを導入しさえすれば、特段意識する必要はないと考えていた**「タスクのヌケモレが起きていない」という状態を追加する**ことにしました。

この状態があることで、「会議後、すぐに行動・作業に移ることができ

ている」状態が正しく機能するはずです。

　ヌケモレを起こさない状態を実現するための施策は「各作業・タスク表に、誰が、いつからいつまで、どこまで、どのようにやればいいかを明記する」と「kaigeeの議事録機能を使用する」などの施策を採用しています。

　この機能を使えばタスクのヌケモレは起きないはずなのに、なぜヌケモレが起きているのでしょうか？

タスクのヌケモレが起きていない「状態」を追加した図

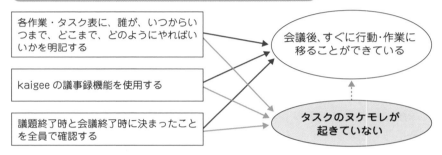

　施策を実行しているのに状態が実現しないのには、以下のような原因があります。

- 施策が状態に対して適切ではない
- 施策の実行の仕方が悪い
- １つの施策の量（実行した回数・時間）が足りていない
- 別の種類の施策が足りていない

　ある一部の人から問題の報告や不満の声があがってきたときは、問題をあげてきた本人の話を鵜呑みにせず、その**問題に関わる他者からも話を聞く必要があります。**

　Ｆさんは問題をあげたマネージャーの会議に参加しているメンバーに話を聞いてみることにしました。

　すると、以下のようなことが起きていることがわかりました。

> ケース1
>
> ● 会議中、マネージャーがある業務についてメンバーに「できる?」と聞いた。メンバーは技術的・能力的には「できる」と答えた。
>
> ● 後日の会議でマネージャーが「できる?」と聞いた作業が「できているか?」とメンバーに確認したところ、メンバーはそれが作業をしておかないといけないものとは認識していなかったため、何もできていなかった。
>
> ケース2
>
> ● プロジェクトにとってやった方が良さそうな施策があり、それを実行するかどうか決め切れず、終了間際にマネージャーがその施策を実行することで、「こうなったらいいですよね」と言って、その日の会議は終了した。
>
> ● 後日の会議で「こうなったらいいですよね」という施策に誰も着手していないことがわかり、マネージャーが不機嫌になった。

システムではなく人間のあいまいさが原因

問題の原因はツールではなく人間にありました。

マネージャーが「タスクとしてメンバーにきちんと依頼する」という当たり前のことをしておらず、それによって**メンバーが「それは自分に依頼されたタスクである」と認識できていない**ことで問題が起きていました。

マネージャーが"お気持ち"だけを表明して、メンバーがその意を汲み取るということは、まだ話せない赤ちゃんが「おむつを変えてほしい」と泣いているのと変わりません。

第2章4節で「言葉の自動化と異化」を紹介しましたが、長く一緒に仕事をし、プロジェクトマネージャーやメンバーが互いの性格を熟知していれば、不明瞭な言葉であってもメンバーが意を汲んで作業してくれるということはあり得ます。

しかし、プロジェクトは多くの場合、ルーティンワークとは異なる組織で行われるものです。いつもとは異なる、よく知らないメンバーと働くとき、**言葉は明確である必要があります。**

いつもは意図を汲み取ってくれる慣れ親しんだメンバーであっても、新しく誰もやりたがらない難しい仕事に取り組むときには、空気を読まず意図も汲み取ってくれないことが起きます。

　この問題を解決するための施策として、Ｆさんはこの問題をあげたマネージャーとメンバーに相談し、**「発言のプロトコル（コンピュータでデータをやりとりするために定められた手順や規約のこと）」を決める**という施策を加えることにしました。

　作業を依頼するときは、お気持ちの表明ではなく、きちんと作業として依頼していることがわかるよう発言するルールの設定です。

　このルールがきちんと運用されるよう、ファシリテーターにも発言の意図が不明確であったり、担当が誰か不明瞭なものがあれば、それを明らかにするように伝えました。

　Ｆさんのプ譜では「会議中の発言プロトコルを決める」を「タスクのヌケモレが起きていない」という状態につなぎましたが、これとは別に**「不明瞭な発言をしていない」という中間目的**をつくり、そこに発言プロトコルの施策から矢印線をつないでも良いでしょう。

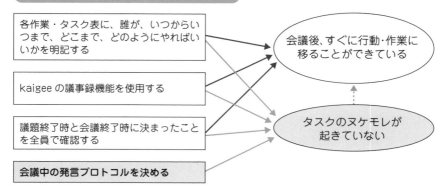

会議の発言プロトコル施策を追加した図

各作業・タスク表に、誰が、いつからいつまで、どこまで、どのようにやればいいかを明記する

kaigee の議事録機能を使用する

議題終了時と会議終了時に決まったことを全員で確認する

会議中の発言プロトコルを決める

会議後、すぐに行動・作業に移ることができている

タスクのヌケモレが起きていない

05 状況が変わり、予定していた 施策が実行できなくなった

◉ 予定していた施策に固執してはいけない

プロジェクトでは**急な状況や環境の変化**が起きることがあります。

- **人の要素**
  - メンバーの異動、休職、退職、顧客の担当者変更など
- **お金の要素**
  - 予算の削減など
- **時間の要素**
  - 納期や〆切の繰上など
- **環境の要素**
  - 社長や上司の交代による方針変更
  - 災害や疫病の発生、法律や制度の変更、新たな競合の誕生など

　これらの変化は予測できるものもあれば、できないものもありますが、変化の影響を受けて当初の計画は変更を迫られます。

　人・時間・お金が減ることにより、「あの人でなければうまくやれない施策が実行できなくなる」「施策の完了予定日まで時間が足りない」「使いたかったツールを購入できない」といったことが起きます。

　そこで施策の実行を諦めるのは尚早です。ただ一方で、予定していた施策の実行に固執することで起きる問題もあります。

　例えば、使用したいツールや、受けたいコンサルティングの予算が足りなくなったので値下げ交渉をするとします。値下げ交渉をしたことで、ツールの機能が制限されたり、ベンダーやコンサルタントの士気が下がって十分な提案やサポートを受けられなかったりすることがあります。

大事なのは**施策そのものではなく、施策を実行して実現する状態です。**言い換えれば、**勝利条件にとって望ましい状態を実現することができれば、中間目的や施策は変えてもいいのです。**

当初の中間目的の表現や施策に固執せず、勝利条件の実現に影響を与える中間目的の表現の変更や別の施策を考案するトレーニングをしてみましょう。

○ ドリル：リハビリをして書道教室を開く

みなさんは事故や病気などによって以前のようには身体を動かせない患者さんのために、リハビリテーションの計画をつくる人です。

今回計画をつくる患者さんは、脳梗塞で左半身がまひしています。ただ、左手のまひは軽いため、物を押さえるぐらいのことは十分できるようになりそうです。また、左足がまひしていますが、装具や杖を使えば歩くことも問題なさそうです。

リハビリ計画をつくるには、患者さんが頑張ろうと思える目標が必要です。

この患者さんは習字が好きで字も上手です。脳梗塞になる前は友人の開いている書道教室を月2回手伝っており、そこで子どもたちに教えるのが楽しいという経験をしていたことから、自宅で書道教室を開きたいという目標がありました。

この目標を実現するために、**必要な身体の状態を中間目的で定義**し、そ

の状態を**実現するための行為を施策に記述**します。

　子ども相手の書道教室を開くという目標の**勝利条件**は、「**生徒の目の前でお手本を実際に書いて見せられるようになる**」ことです。

　この勝利条件を実現するための身体に関する中間目的を下から順に並べてみたのが次のプ譜です。

　最初に床に座ることができているという状態から始め、半紙を押さえることができ、字を書くことができるという順に進みます。

　患者さんの利き手は右なので、字を書くことにはまったく問題がありません。問題は、「床に座ることができている」という状態の実現が、従来の施策＝今まで患者さんができていた動作では難しいことです。

　患者さんは左半身のまひの影響で、長時間の正座やあぐらをかくことができません。そのため、書道教室に必要な最初の状態から実現できないという困難に直面しています。

　しかし、正座できるようになるためのリハビリを行うことは、まひの状態からして不可能です。**不可能とわかっている状態を実現しようとすることに見切りをつけ、有限の時間と資源を有効に使わなければなりません。**

　従来の状態の実現が難しく、施策も使えない中、みなさんはどのように対応するでしょうか？

リハビリして書道教室を開くのプ譜

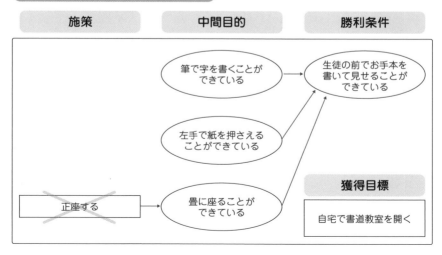

書道は畳に正座して書くものという固定概念があると、施策を考案するのは難しくなります。

　半紙を机に置いて、墨をふくませた筆で字を書くための「座る」という状態は、畳に座らなければ絶対にいけないというわけではありません。

　元の状態の「畳に座ることができている」から「畳に」を除き、「座ることができている」という状態にすれば施策の幅が広がります。

　ここでの**対応案**は「いすに座る」です。

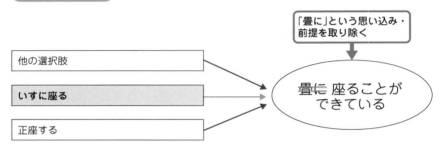

　当初の施策の実行にこだわると視野が狭まり、他の選択肢を思いつきづらくなりますが、**中間目的から勝利条件に遡っていくことで、新しい施策を考案しやすくなります。**

　椅子を先生分だけにするのか、生徒分もすべて購入するのかは予算の影響を受けます。

　先生だけが椅子に座るなら、お手本は生徒を自分の机に呼ぶということもできるでしょう。もしかしたら「いすに座る」以外の選択肢もあるかもしれません。

　真に叶えたいのは勝利条件であって、最初に予定した施策の実行ではないはずです。**施策は数ある手段の一つにすぎない**という考えを持つようにしてください。

◉ 使える資源をどうにか調達して活用する

ではFさんのプロジェクトを見てみましょう。

Fさんのプロジェクトでも想定外のことが起きました。急きょ予算を削減することになり、予定していた「良い質問に関する研修」が実施できなくなってしまいました。

この施策は「良い発言、質問、進行が評価されている」という状態を実現するためにぜひ行っておきたいものでした。

というのも、研修実施前に行った「良い発言、質問、進行が評価されている」状態についてのアンケートでは、「何がいい質問・発言・進行なのかがいまいちわからない」という反応が返ってきていたからです。

その状態を改善するための施策だったのですが、無い袖は振れません。

この状態を実現するための施策は、kaigeeの発言や質問を評価する機能を使用することが残っていますが、この施策だけで十分かどうかがわかりません。

何もないからできないという固定概念を捨てる

すぐに使える研修商品やアプリケーションなど、パッケージングされたツールを使うつもりが、それが使えなくなると行き詰まってしまったように考えてしまいがちです。

しかし、身の回りを見渡せば、すでにあるもので使えるものがあるはずです。

本当の創造性とは、すべての条件が与えられてから発揮されるのではなく、あるものをいかに素材として活用していくのかという知恵とともに発揮されます。

Fさんは、「何が良い質問・発言・進行なのかがいまいちわからない」という状態を実現するために、外部の専門家から指導を受ける施策を選んでいましたが、知識を持つ人に払うお金がないのであれば、自ら学べばいいと考えました。

そこで、「**会議終了前の5分間で会議のふりかえり（評価した発言・質問・進行の理由を言い合う）を行う**」という施策を考えました。

Fさんのプロジェクトのプ譜

廟算八要素	施策	中間目的	勝利条件

●人
・Fさん（人事総務部）
・DX室のメンバー
・各部署の上長
・各部で会議に参加する社員

●お金
×××万円
（システム導入や研修教育費などに使用）

●時間
はっきり決〔**予算削減**〕

●品質
・参加者に新しい視点や気づきを与えられるような質問
・発言や質問が歓迎されるような会議の雰囲気
・話をしたくなる聞く側の態度

●ビジネスモデル
kaigee

●環境
サイロ化した部署

●競合
不明

●外敵
仕切りたがりの人？

各作業・タスク表に、誰が、いつからいつまで、どこまで、どのようにやればいいかを明記する

議題終了時と会議終了時に決まったことを全員で確認する

決定者は各議題の決定の理由を参加者全員に説明する

kaigeeの評価機能を使用する

良い質問に関する研修を実施する〔**研修が実施できなくなった**〕

会議〔...〕シリ〔...〕前に〔...〕提情報や論点、制約、時間配分などの確認と準備を行う

ファシリテーション研修を実施する

傾聴のトレーニングを実施する

参加者は相談したい議題があれば事前に招集者に論点と共に提出する

招集者は招集メールに目的と、各議題に要するおおよその時間を記入する

必要な時間分の参加を許可する（関係のない議題まで参加しなくてよいことにする）

会議後、すぐに行動・作業に移ることができている

参加者が理解・納得・合意できている

良い発言、質問、進行が評価されている〔**何が良い質問・発言・進行なのかがいまいちわからない**〕

会議の目的・議題に適した発言・進行が行われている

参加者の発言・質問する機会があり、受け容れられている

会議の目的が事前にわかっていて、参加すべき人が参加している

参加者が主体的に参加して、質の高い意思決定ができている

獲得目標

DXで会議の生産性を向上させよ

256

研修を受ければ良い発言や質問ができるようになるだろうと考えていたFさんは、それが身についていることを前提に、研修が実現する状態を「良い発言、質問、進行が評価されている」としていました。

しかし、「教えてもらう」ことから、**「自分たちで手探りで学んでいく」施策に変えたことで、中間目的の表現も変更**することにしました。

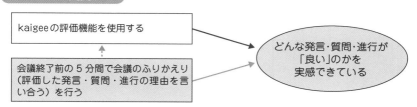

自分たちで会議をふりかえることで、「どんな発言・質問・進行が『良い』のかを実感できている」状態をつくることができれば、kaigeeの発言・質問評価機能もより良く使用できそうです。

○ 成果が出づらいときは、小さな成功を積み重ねる

人の意識や行動など、目に見える成果や変化がすぐには現れてこないプロジェクトは、長く変化のない状態が続くとメンバーの士気も徐々に落ちてきます。

そのような状況では、早く実行できそうな施策と変化が早く起きそうな中間目的に取り組みます。中間目的間の辻褄が合っていて、プロジェクト全体に望ましくない状態を起こさないようであれば問題ありません。

有形無形の変化をメンバーが実感できるようにしていくことで、士気を保ち続けることも必要です。

☑ Point　予定通りにいかないプロジェクトへの対処

状態を実現する施策はただ一つしかない、ということはない
何もないとは思わず、身の回りにあるものを活用しよう！
変化が起きにくいプロジェクトでは、成果が出やすいものから取り組む

06 予定したスケジュールで目標を実現できそうにないとき

○ 間に合わない場合の2つの対応

　プロジェクトには〆切・納期があります。〆切・納期の情報は、**廟算八要素の「時間（納期）」に記載**されています。

　長く続きそうなプロジェクトであっても、年度末や期末のタイミングでこのまま続けるか止めるかという判断を迫られる区切りがあります。

　期日までに勝利条件の実現を目指してプロジェクトを進めていきますが、Fさんの例で見たように計画通りに進展することは稀です。

　最良と思われた計画でさえ、思わぬ障害にぶつかり様々な想定外なことに遭遇します。

　それらに対処してプロジェクトを進めていると、当初の見通しは当てずっぽうだったんだろうか…？　と思うくらい、成果も出ず成果物もできあがらないということが起きます。

　予定していた期日に目指していた成果を得られないとき、私たちには2つの選択肢があります。

　一つは、期日を軸にして、そこに収まるように**勝利条件を調整**すること、もう一つはあくまで勝利条件の実現を目指して**期日を延長**することです。

　このような変更をシステム開発では**スコープの変更**と言いますが、本書ではプ譜の言葉を用いて説明します。

期日を固定して、勝利条件を調整する

　期日を固定するということは**スケジュールが最優先である**ということです。

　期日を優先することで勝利条件の成功の基準を下げたり、中間目的及び

施策を削って、当初要求・期待していた望ましい状態の範囲を小さくしたりします。

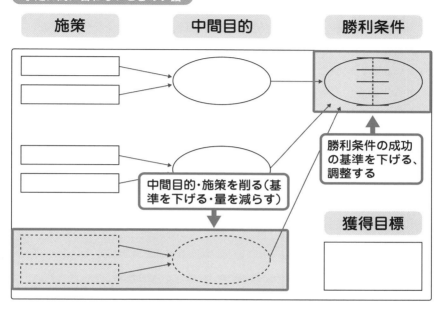

予定に間に合わないときのプ譜

施策　　　　　　中間目的　　　　　　勝利条件

勝利条件の成功の基準を下げる、調整する

中間目的・施策を削る（基準を下げる・量を減らす）

獲得目標

例として、Webサイトのオープン期日が決まっているが、予定していたコンテンツをすべて揃えることが難しい場合に、オープン時になくても問題のないコンテンツは後で掲載する、といったものがあります。

この対応をとるときの注意点は、**何かを取り下げる・削ることで、全体のツジツマが合わなくなる・バランスが取れなくなるのを防ぐことです。**

第3章で紹介したBさんのkaigeeプロジェクトが良い例です。

ある顧客に受注と引き換えに約束した機能を提供するにあたって、利用開始日までにその機能を使えるようにしなければならないとします。これが**期日固定**です。

しかし、開発が遅れているためにテストにかける時間を減らした結果、バグが発見されずに顧客が使い始めてから不具合を指摘される結果に陥る、ということが起きないように気をつけなければなりません。

○ 勝利条件を固定して、期日を延長する

本章の第3節で少し言及しましたが、この対応方法の注意点は時間を延ばすことによる費用の増加とスケジュールの再調整です。

人件費・外注費という単価が増えることは直観的にはわかりますが、第3章3節で説明したように、時間には使えるタイミングと使えないタイミングがあるということを忘れがちです。

ある作業を行う専属メンバーの時間はいつでも使えますが、外注している人の作業時間が他の案件に取られていて、希望するタイミングに作業してもらえないということがあり得ます。

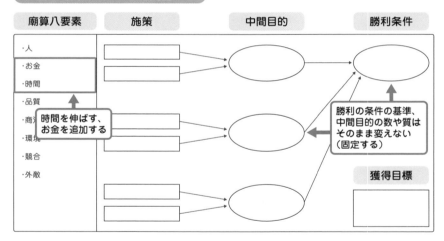

お金と時間のどちらかを調整する

期日を固定して勝利条件を調整する方法でも、勝利条件を固定して期日を延長する方法でも、どのような理由でその決定をしたかという記録はきちんと取ってプ譜を更新しておきましょう。

それが後々プロジェクトの状況や成果報告をする際に、「なぜこのようになったのか？」という原因・過程を説明することを助けてくれます。

本章の最後にFさんの仮説・計画が実行されて以降、起きたことの記録とふりかえりを行ってきた過程を眺めておきましょう。

Fさんのプロジェクトの、局面の変化の記録

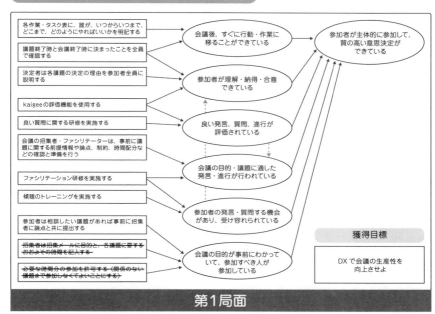

第1局面

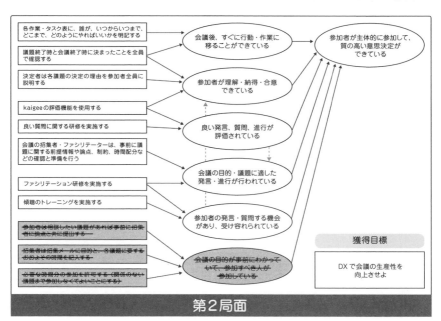

第2局面

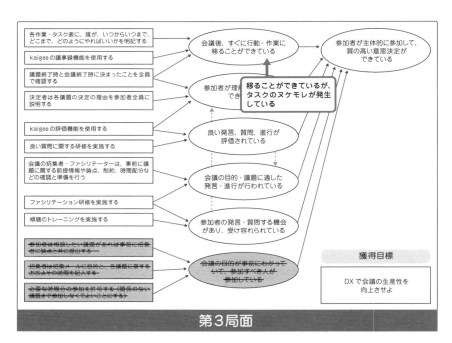

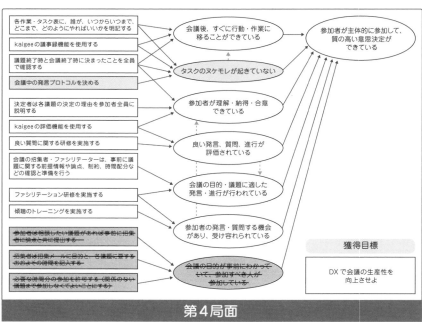

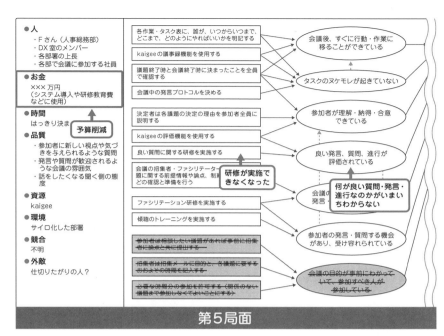

第5局面

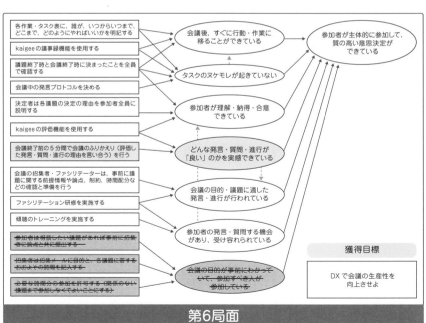

第6局面

あらゆるプロジェクトは、計画当初の野心の大きさや勝利条件への期待とは裏腹に、いかに完了すべきかが求められます。

　プロジェクトの期間中には、予算は増大しがちになり、また、期間中にテクノロジーの革新や社内外の状況の変化などによって、プロジェクトは古めかしくなることもあります。

　Fさんのプロジェクトがうまく進んで勝利条件を実現できるかはわかりませんが、もし勝利条件がこれだけの局面の数だけで実現されていれば、かなり筋の良い仮説であったと評価することができます。

　プ譜の更新枚数が少ない、すなわち試行錯誤の回数が少なかったことが筋の良い仮説です。

　ただ、筋の良い仮説だったと評価してもらいたいからといって、試行錯誤することや、「さっさと動かしてプロジェクトの対象・世界からのフィードバックを得る」ことはいとわないでください。

　考えたとおりに計画が進展することはなかなかありません。しかし、プロジェクトに起こり得ることを端からシミュレーションし、先の先まで見通すということは不可能です。

　私たちは事前の仮説をもとに計画を実行してみて、プロジェクトのふりかえりからのフィードバックを元に仮説を更新し続けるほかに期待する成果を生み出すことはできません。

　そのためには、**事前の仮説・計画をきちんと文書化し、変化の過程を記録しておかなければなりません。**

　その意識・ルールをプロジェクトチームに浸透させ、できるだけ少ない局面＝試行錯誤で目標にたどり着けるよう、メンバーの一人ひとりのエネルギーやがんばりがムダにならないよう、**しっかりと噛み合わせ、個々の総和が全体を超えるようにデザインしていく必要があります。**

　それがプロジェクトを任されてしまった人の最も大事な仕事です。

○ より良く言語化・見える化するために

　プロジェクトを任されてしまった人の困難や問題は、病気やケガをしてしまったときの患者と医師のコミュニケーションの問題に似ています。ほとんどの人は普段から自分が病気になることを考えていません。いざ病気になったとき、医者に対して自分の病状や状況について適切に説明し、医師と対話する術を教わっていません。

　医師は多忙で患者の言うことをじっくり丁寧に話を聞くということができません。手短に問診をして処方箋を出しておしまい、ということがしばしばです。

　自身の状況を説明する術がなく、色々と質問できないというコミュニケーションの不適切・不足が、「治せる病気が見過ごされる」「間違った治療を受ける」という問題につながっていきます。どんなに優れた診断法・治療法があっても、それをうまく使えなければ意味がありません。ただ痛みを取り除きたいのか、治療した後にどのようなことがしたいのかを伝えているかいないかで、治療の方針や採用する手段が変わります。

　プロジェクトもそうです。良い施策があっても、それを自分のプロジェクトに合うように使えなければお金の無駄です。自分の言葉でプロジェクトの成功の定義やあるべき状態を表現できなければ、間違った進め方をしてしまいます。プ譜はプロジェクトの仮説をつくり、構造の見える化を助ける道具ですが、そこに書かれている言葉がプロジェクトにとって真に意味のあるものでなければなりません。意味のある言葉は簡単には見つからず、最初からうまく表現できるとは限りません。そこで、みなさんがより良く言語化できるようになるための道具として、次ページ以降の問いかけリストを活用してください。

前田考歩

問いかけリストについて

○ 問いかけリストとは

問いかけリストは筆者がプロジェクトの仮説づくりやふりかえり支援のなかで実際に使用しているものを収録しており、本書のカウンセラーの対話パートで使用しなかったものも数多く含んでいます。

プロジェクトの大きな流れ（仮説づくり→ふりかえり）に合わせ、プ譜の項目（獲得目標、勝利条件、中間目的、施策、廟算八要素）ごとに整理しています。問いかけは合意形成時にも使用できます。

○ 問いかけリストの目的

問いかけはプロジェクトを任されてしまった人が、自分の言葉で語ることができるようになるために使います。自分の言葉で語るには、問いかけによって自分の頭にあるまだ不確かな言葉を色々と引き出し、他の言葉と比べ、組み合わせたりして、自分がしっくりとくる・手応えを感じる表現に仕立てていく必要があります。また、「これをすれば、こうなる」という因果関係が明らかになり、辻褄が合っていなければなりません。

○ 問いかけの種類と効果的な使い方

仮説づくりでは、「前提を疑う」問いかけや、「自分の視野・プロジェクトの可能性を広げる」問いかけ、「基準・評価指標を見つける」問いかけが多くなります。これらは主に獲得目標、勝利条件、中間目的の言葉を決めるために用います。いわゆる「開けた問いかけ（オープンクエスチョン）」が多くを占めます。

施策と廟算八要素は「選択・絞り込み」や「現状認識」の問いかけが中心です。チェックリストのように用いて、モレ・ヌケ・ムリ・ムダがないようにします。こちらは「閉じた問いかけ（クローズドクエスチョン）」が多くを占めます。

○ 問いかけリストを使う順序

プロジェクトでやりたいことがある程度明確であれば、"閉じた"問いかけから入っても問題ありません。未知の度合いがまだまだ高かったり、今考えている進め方に釈然としていなければ"開けた"問いかけから入ることをお勧めします。

問いかけを用いるルートは以下のようにいくつかあります。

- 獲得目標→勝利条件→中間目的→施策→廟算八要素
- 獲得目標→廟算八要素→勝利条件→中間目的→施策
- 獲得目標→廟算八要素→施策→中間目的→勝利条件

○ 問いかけリストを使うときの注意点

すべての問いかけに答えなくてもいい

問いかけリストは一問一答の問診票や営業トークのスクリプトのように、すべての質問に答えなければいけないというものではありません。自分で自分に問いかけて答えた内容をプ譜に書き、その表現を目で見て、「次はこれを自分に聞いてみよう」と思えるものをリストから選んで用いればよいです。そのようにして、自分で書いたものと対話しながら、プ譜の項目を埋めていってください。

使う問いかけの種類によって、考える方向が限定・規定される

勝利条件は表現次第でプランがガラリと変わり、中間目的は要素という箱は同じでも状態という中身の表現は多様に存在します。その表現次第で、本当は別様の可能性があったかもしれないのに、それを閉じてしまうことがあります。問いかけに答えた表現にしっくりこなければ、いったんその表現は保留して、別の問いかけを用いて異なる表現を探してみてください。

施策について問いかけるときは、その施策を実行してどんな状態を実現するのか？ということとセットで考えるようにしてください。きちんと中間目的とひもづけて考えないと、「何をするか？」「どうやるか？」という狭い方向に考えが進んでしまいます。

新しく生成される可能性にブレーキをかけない

問いかけて答えをプ譜に書き、また問いかけるという問答・対話が繰り返し行われる過程では、最初に「こんなふうに進めようかな」「こうやって進めたいな」とおぼろげに考えていたものとは違う方向性に進みそうになることがあります。

このとき、「これは自分の考えていたことと違う」と慌ててブレーキをかける必要はありません。本当に自分がプロジェクトで実現したいこと・すべきことは何か？ということを予め決めるのではなく、プロジェクトの真の意味・価値は、問いかけ・対話のなかで生成される──、という心持ちでいてください。

仮説づくりの問いかけリスト

大分類	小分類	問いかけ例	
獲得目標			
プロジェクトがまだ正式に決まっていないときや始まろうとするときに使用。目標に手段が入り込んでいるときにも使用			
回帰、前提の疑義	回帰	そもそも、その目標は本当に取り組むべきものですか？ その問題は本当に解決すべきものですか？	
	理由	なぜそのプロジェクトに取り組むことになったんでしょう？	
	問題	そのプロジェクトに取り組まないことで起こる問題は何でしょうか？	
	手段と目的	その目標は別の大きな目標の手段ですか？ その手段を使うことが目的なのですか？	
勝利条件			
プロジェクトが未来に成功しているときの対象（人・社会・自然など）の状態を問うときに使用。抽象的な状態をより具体的に問うたり、定量指標を達成しているときの定性的な状態などを明らかにするために使用する			
成功しているときの状態	状態	どのようになっていたら成功と言えますか？ その製品がどのように使われていたら成功と言えますか？ 会議がどのようになっていれば、生産性が向上したと言えますか？	
	具体	○○（という言葉）は具体的に言うと、何と言えるでしょうか？ 会議における生産性の向上とは、具体的にどういうことを言うんでしょうか？	
	量（定量）	どのくらいの数になっていれば成功と言えますか？ その状態は定量化できるでしょうか？　測定できるでしょうか？	
	質（定性）	その数値を達成しているとき、関係する人はどのような状態になっていますか？ どんな300人の見込客だったら成功と言えるでしょうか？	
	変化	そのサービスを使用するとき、これまでとどのような変化が起きていますか？	
2つ以上の勝利条件が存在しているときや、1つの勝利条件に複数の勝利条件が含まれているときの整理・取捨選択をする際に使用			
整理	遠位と近位、依存関係	どちらの勝利条件を実現しないと、一方の勝利条件が実現できないですか？ 何を先にして、何を後にできますか？ その勝利条件の成功後、誰のどんな仕事に引き継がれるでしょうか？	
	分類	どう分類できるでしょうか？	
	順序	受益者はどちらの解決を先に望んでいるでしょう？	
	相違	相互の勝利条件にはどんな違いがあるんでしょうか？	
	共存、要約	これらの勝利条件を一つにできますか？　共存できますか？ 共存できるとしたら、互いの勝利条件をどのように変更できますか？ いくつかある会議の生産性が低い事象をひとまとめにするなら、なんと言えるでしょうか？	
	他への貢献	自身の勝利条件が他方の勝利条件に貢献するものはありますか？	
	全体と部分	何が最も大きくて、何がその（どの）部分を構成しますか？	
	上位に遡る	これらの勝利条件に共通する、より上位の勝利条件は何でしょうか？	
	必要条件、十分条件	どの勝利条件が真の目標にとって必須で、何が"あればなお良し"というものですか？	
先々まで見通しきれない、イメージしきれないときに使用			
その他	兆候、最低限	このような兆候が現れていれば、この先うまく進みそうというものはありますか？	

大分類	小分類	問いかけ例
その他	兆候、最低限	これさえ解決すれば他の問題はいもづる式に解決されるというものはあるでしょうか？ 少なくともこの状態を実現できていれば、その後に成功が見込めるというものはありますか？

望ましくない状態から問うことで、別の可能性を探る

| その他 | リスク、回避 | その勝利条件を実現しないと起きるひどいことは何でしょうか？
逆にこういう状態だとアポが取りにくいというものはありますか？ |

言葉の意味や対象との関係を具体的に考えることで、勝利条件の表現のヒントを探る

| その他 | 存在、関係 | プロジェクトの対象にとってどんな存在でありたいですか？
どのような関係を結びたいですか？ |
| | 程度 | どの程度だと顧客は満足するでしょうか？ |

中間目的

勝利条件を実現するための要素出し、未来に勝利条件が実現しているときの「要素のあるべき状態」を確かめるために使用。ふりかえり時の評価指標としても使用。

成功しているときの要素と状態	要素	勝利条件を実現するために必要と思われる要素にはどのようなものがあるでしょうか？
	経験	類似する経験で、必要だった要素はありますか？
	状態	勝利条件が実現しているとき、それぞれの要素はどんな状態になっているべきですか？ その状態はどのように勝利条件に影響を与えますか？
	定義	何をもって「○○」と言うのですか？
	ふるまい	関わる人からどんな言動や行動、感想や感情が生まれているべきでしょうか？ 対象からどんな反応・フィードバックがきているべきでしょうか？
	測定	その状態は測定できますか？　どのような方法で測定できますか？
	程度	どの程度まで厳密さを求めますか？ 各中間目的の理想の状態を100%としたとき、仮説立案時の状態は何%ですか？
	最低限	〜さえしていれば良いという状態・基準はありますか？

中間目的に取り組む順序の決定や、相互のバランス・依存関係を整理するために使用

整理、辻褄	前後・依存関係	要素の前後にはどのような要素がありますか？ この条件になっていないと、次の状態に進めないというものはありますか？ 見込客がどんな状態になっていると、商談に進みやすいでしょうか？
	トレードオフ	この状態を実現すると、別の状態が成り立たないというものはありますか？
	リスク、回避	「こういう状態になると、他の要素に悪影響を及ぼす」というものには、どんなものがあるでしょう？
	強化・促進	要素の状態を強化・促進する別の要素はありますか？

あるべき状態を実現するための影響の度合いや実現可能性、時間を確認するために使用

影響、管理	影響	どの状態に影響を与えやすいですか？　どの状態はコントロールしやすいですか？
	直接・間接	直接影響を与えられない状態はありますか？ 直接影響を与えられない状態は、どの状態からの影響を受けるでしょうか？
	所要時間	その状態を実現するのに、どのくらいの時間がかかりそうですか？
	コスト、維持	最もリソースを割かなければいけない状態はどれですか？ その状態はコストをかけて維持し続ける必要がありますか？

大分類	小分類	問いかけ例	
施策			
施策を実行する意味があるか、その施策を本当に実行すべきかを確認するために使用			
因果	因果	その施策を実行すると、どんな状態になりますか？ その施策はどの中間目的にひもづいていますか？	
	必要条件、十分条件	中間目的を実現するのはその施策一つで十分ですか？	
施策を実行するリソース、リテラシーを確かめるために使用			
実施可能性	コスト	設定した施策はすべて、手持ちの時間やお金で実行できそうですか？ 実行には何が必要ですか？　それをやれるスキル、リテラシー、時間はありますか？	
	習熟	やり方がよくわからないものや実行に不安なものはありませんか？	
	障害	その施策の実行を阻むものはありますか？	
	方法	そのやり方を知っていますか？　今はどうやっていますか？	
	分担	それは誰がやりますか？　誰がやれますか？	
	タイミング	施策を実行するタイミングは適切ですか？	
	環境、状況	その施策が行われる環境・状況・対象はどうなっていますか？ これまでの実施環境と同じですか？　異なっている場合、気をつけることはありますか？	
	維持	その施策はコストをかけて実行し続ける必要がありますか？	
複数の選択肢があるとき、何を採用するかを決定するために使用			
選択	影響、インパクト	中間目的の状態をより良いものにするのはどの施策ですか？ どれが費用対効果が高いですか？	
	時間、速度	何がすぐに実行できますか？　何に時間がかかりますか？ いつ着手できますか？　いつ終わりますか？　どれが早く状態を実現できそうですか？	
	資源、コスト	どれがラクですか？　ミスが起こりにくいですか？ どれがシンプルですか？　手順が少なく済みますか？　関与者が少ないですか？ 何なら自分たちの力や工夫でできますか？	
	不要	やらなくていいものは何ですか？　絶対に必要ですか？	
	トレードオフ	その施策を行うことで得られるものと失うものは何ですか？	
その他	その他の可能性	唯一その手段しかありませんか？	

分類	問いかけ例	
廟算八要素		
プロジェクトを実行するのに必要なリソース、所与の条件や環境を確認するために用いる		
人	その目標に関わる人・組織は誰・どこですか？　それぞれ何人いますか？ それらの人や組織に、どのくらい依存していますか？　誰がその人に指示できますか？　その人は誰の指示を聞きますか？ その人々はどんな期待、思惑、動機、制約を持っていそうですか？ その人はどのくらいの時間を費やしてくれますか？　どのくらいの時間を使えますか？ その人はどんな経歴、技術、知識を持っていますか？	
受益者	そのプロジェクトは誰の問題を解決するのですか？　それはどんな人々ですか？	
お金、時間、資源	お金と時間はどのくらいありますか？　いつまでに終了しなければなりませんか？ 目標達成に必要な資源は持っていますか？　使えるもの、活用できそうな技術、知識、情報はありますか？	
品質	どのような基準、程度を求めますか？　品質に決まった単位はありますか？	

分類	問いかけ例
根拠	使用したデータや情報の根拠はどのようなものですか？　その情報は他のメンバーも知っていますか？
不足、未知	足りない、わからない、知らない、経験のないものはありますか？ それは調達、獲得、習得できますか？　する必要がありますか？
商流	誰・どこから、どのようにしてお金をもらいますか？　それはどんなお金ですか？
環境	今、あなたや主要人物、組織はどんな環境に置かれていますか？ テーマに関する社会や世界ではどんなことが起きていますか？ 問題が起きている状況は、どのような環境で起きていますか？
文化、歴史	テーマに関する文化、価値感ではどのようなことが重視され、忌避されていますか？
規則	遵守すべきルールはありますか？　そのルールは破るべきですか？
外敵	プロジェクトを阻む障害となりそうな人、組織はありますか？ 組織、経験や価値観、成功体験や思い込みはありませんか？

ふりかえりの問いかけリスト

分類	問いかけ例
勝利条件	
実現度合い	範囲、程度の調整は必要ですか？ 今、全体のゴールを100%としたとき、どのくらいの達成度ですか？　ゴールまであとどのくらい距離がありますか？
変更、修正	勝利条件の表現の修正、更新は必要ですか？
帰着	残された時間までに、どのように終了していたいですか？　どのように終了していれば、次の機会につながりそうですか？
中間目的	
実現度合い、基準	各状態の実現度はどの程度ですか？　今どのくらいの実現度ですか？ 指標、基準を満たしそうですか？　実現しつつある・実現した中間目的は勝利条件に寄与しそうですか？
変化	どこに、どんな変化が起きていますか？　その変化は望ましいですか？望ましくないですか？ その変化はプロジェクトにとってどのような意味を持ちますか？どのように解釈できますか？
変更、修正	中間目的の表現の修正、更新は必要ですか？
不要	勝利条件のために実現不要な中間目的はありますか？　これ以上リソースを投入しなくていい要素はありますか？ 残り時間で勝利条件を実現するために諦めるべき中間目的はありますか？
優先度	中間目的に取り組む優先順位、順序を変える必要はありますか？
追加	新しい中間目的の追加は必要ですか？　新しく追加する中間目的は、勝利条件にどのような影響を与えますか？
施策	
方法	やり方は妥当ですか？　変えなくていいですか？
量	実行している施策の量は足りていますか？
継続、停止	止めなくていいですか？　このまま続けていいですか？
追加	追加する施策はないですか？　追加する施策はきちんと中間目的にひもづいていますか？ 追加する施策は中間目的の状態にどのような影響を与えますか？どんな状態を実現しますか？
順序	順番を変えなくていいですか？
廟算八要素	
リソース	資源・時間・権限は足りていますか？
モード	今、どんなモードですか？　メンバーのモードは合致していますか？　ズレていませんか？

特典付き!!

プ譜の作り方動画が見れます!!
https://youtu.be/SlY-54lXdvY

プ譜のテンプレート
https://note.com/kodomonogatari/n/nf9b57dcaff1f

購入者特典はこちらから
http://www.sotechsha.co.jp/sp/2116/
パスワード zeropro

ゼロから身につく
プロジェクトを成功させる本
～はじめてのプロジェクトマネジメント～

2023年8月10日　初版　第1刷発行

著　　　者	前田考歩	
発　行　人	柳澤淳一	
編　集　人	久保田賢二	
装　　　丁	宮下裕一	
発　行　所	株式会社ソーテック社	
	〒102-0072　東京都千代田区飯田橋4-9-5　スギタビル4F	
	電話（販売部）03-3262-5320　FAX 03-3262-5326	
印　刷　所	図書印刷株式会社	

Ⓒ Takaho Maeda 2023, Printed in Japan
ISBN978-4-8007-2116-7
